寻访**南怀瑾**的少年足迹

传承**国学大师**的家风家教

少年

南怀瑾

徐茹　主编

浙江教育出版社·杭州

图书在版编目（CIP）数据

少年南怀瑾 / 徐茹主编. -- 杭州：浙江教育出版
社，2016.3（2019.7重印）
ISBN 978-7-5536-4329-8

Ⅰ. ①少… Ⅱ. ①徐… Ⅲ. ①南怀瑾（1918～2012）
－生平事迹 Ⅳ. ①K825.46

中国版本图书馆CIP数据核字（2016）第052641号

少年南怀瑾
SHAONIAN NANHUAIJIN

主　　编　徐　茹
创意设计　徐　茹
出版发行　浙江教育出版社
　　　　　（杭州市天目山路 40 号　邮编：310013）
策划编辑　陆音亭　戴嘉栩
责任编辑　栗　丽
美术编辑　曾国兴
特约编辑　厉　琰　李海生
绘　　图　赵　菁
责任校对　韦春明
责任印务　刘　建
印　　刷　三河市嘉科万达彩色印刷有限公司
开　　本　720mm×1000mm　1／16
印　　张　9.25
插　　页　8
字　　数　130 000
版　　次　2016 年 3 月第 1 版
印　　次　2019 年 7 月第 2 次印刷
标准书号　ISBN 978-7-5536-4329-8
定　　价　30.00 元

序　言

　　从出生开始，我们就有了一个逐步更新的、自我成长的机会；每一个儿童都是生存竞争的初级胜利者，所争取到的就是横展在生命旅途上各种各样的学习机会，具备借机学习存在的真实性。

　　这些机会经过我们的经历，有的会成为旅途的亮点，有的会成为旅途的羁绊，无论是何种结果，所有累积下来的了解，就是我们生命的总结。所谓的成功，就是因为个人与众人的互动，值得后人称颂；所谓的失败，就是因为个人与众人的互动，遭受后人的谴责。固然，所谓的成败，与我们的真实领悟根本无关，只是别人的评价而已，无须太过在意。然而，多数人的一生，只是风平浪静的，随着社会变迁而起伏，以无须称道的方式，完成有为有守的过程。这样的经历，不能说不好，只是略偏于个人需求，而没有更多地照顾到众人的利益，缺少了更大的学习空间。

　　明朝王守仁先生说过："志不立，天下无可成之事。虽百工技艺，未有不本于志者。"如果我们想要成为别人称颂的人，必然先完成足以让别人有利的事；要能完成让别人有利的事，必然先具备可以为别人尽力的心。"志"唯"士心"。也就是成为"士"的发心。所谓"士"，就是我中华民族悠久且优美的，传统读书人的称谓。

　　所谓读书人，不仅仅是通过读书成为管理者，凡是百工技艺从事者，也都需要读书。因为书之所以成书，就是记录前人的经验，可以帮助缩短实践使用的时间，而各行各业皆有可资借鉴的先例，所以读书，本是人人可以得益的事。然而，只读书而不发心，往往就是他人思想或技艺的复制，而不能够有突破创新的贡

献。所以王守仁言，欲成事者，必先立志。这就是曾子所说的"士，不可以不弘毅"，孟子所说的"尚志"的等同意义。

立志一事，童年可立，少年可立，成年可立，壮年可立，中年可立，老年可立，非一时之事，但为一生之事。立志者，确立方向和目标是矣。人无方向，则不知何所适；人无目标，则不知何所为。既然不知何所适，亦不知何所为，必当无所成就，无所益于大众。从事百工技艺的人，也要立志。立精益求精之志，不断精进，这样方可成为大匠之才，大师之行。所立之志，必然与时俱进，与识俱进。与时俱进，是以当时所需，确立短期，中期方向和目标，可以逐期达成。与识俱进，是以见识增长，调整长期方向和目标，恢宏其心，为众人谋利。

先父怀瑾先生，少年遭逢家国时局之变，面对文化新旧反思，虽然是乱世，却也是机遇，得以在新旧思想激荡中，得益于东西学理探讨；得以在战乱频繁里，体会人生性命智慧，立志继存文化精髓。此书记述先父少年生活故事，正是冀望以其少年心性，与我民族少年相互映心，以少年趣味引入记忆，或许等到少年及长，可以继续研读先父在中华文化上的其他著作，如此方有新人继立德、立功、立言的志愿，立志成事，亦是承先启后之功德。

徐茹女士曾多年参与幼教事业，深感教育乃功业，而幼教犹为其重中之重，所以发心介绍先父幼时故事，借此亲近少年读者，期求未来二三子将可续其志，为中华文化传承植根。徐女士本人母教之功，已经有成。因感受先父复兴中华文化的愿力，和她自身爱国爱家的情怀，故做此"幼吾幼，以及人之幼"推己及人的发心。无他，立志耳，撰序共勉。

南一鹏
2016 年 2 月 28 日
记于佛农居

作 者 序

2014 年，我有幸签约国学大师南怀瑾之子南一鹏先生，通过与南先生的接触，我慢慢走近这位被誉为"上下五千年，纵横十万里；经纶三大教，出入百家言"的传奇老人——南师怀瑾先生。2015 年 10 月，南一鹏先生出版了 50 万字的巨著《父亲南怀瑾》，在协助他收集资料的过程中，我更加深入地了解了这位伟大的老人。

南师怀瑾先生一生都在为传承中国文化、教化人心而努力。他常说："任何一个民族一个国家，不怕亡国，亡国了有后代起来可以复国，就怕文化断了；文化一亡了，这个民族国家就没有了。"历经中国一个世纪的蜕变，他真正想做的是为中国人修一条"人道之路"。

《礼记》上说："君子如欲化民成俗，其必由学乎！"为此，南怀瑾先生寄希望于儿童，寄希望于未来，在他 80 多岁高龄时，依旧不辞辛苦地推广儿童读经典活动，极力培养下一代。很快，一场轰轰烈烈的儿童读经运动在全球华人中推广。

《父亲南怀瑾》出版后，一时间洛阳纸贵，我读初中的儿子对我说："妈妈，南先生写这本书，功在当代，利在千秋。当代的意义我就不说，50 年、100 年以后，人们可以通过这本书了解他父亲的一生，知道中国在这段特殊历史时期的文化，知道他的父亲——南怀瑾先生为续上中华文化的断层所做的努力。但现在的孩子连'南怀瑾'是谁都不知道。"儿子的话点醒了我。

是的，了解一个伟人，必须了解他的生平。孔子贫贱于鲁东防山之侧，为儿嬉戏，常陈俎豆，设礼容；司马迁耕牧河山之阳，年十岁则诵古文；张良年少亡匿下邳，为老人长跪履之。这

都是不可忽略的事。一篇《为中华之崛起而读书》让孩子们记住了周恩来总理，那么我们如何让他们知道南怀瑾先生呢？我想，我可以编写一本南师怀瑾先生小时候的故事书，让更多的孩子知道他并且记住他，这就是《少年南怀瑾》的缘起。

《少年南怀瑾》如实地记述从出生到求学时期的小南怀瑾。作为一代宗师的他与什么样的人一起生活？他小时候读什么样的书？他是不是也会淘气、调皮？我希望孩子们看到一个真实的、没有特异功能的、没有天赋异禀的小南怀瑾。书中着重描写南师怀瑾先生父母对他的教育，从他们之间的互动，我们可以看到南师家族的家风、家教，这些优秀的家族传统为他成为一代宗师奠定了基础，所以"家风、家教"也是其子南一鹏先生讲座的主题之一。因为家风是传承，家风汇国风，有好的家教才能汇聚好的国道。

希望因为这本书让传统文化通过我们微小的力量传递下去，让孩子们记住这位一生都为接续中国文化断层，呕心沥血的伟大老人——南怀瑾。

徐茹

2016 年 2 月 18 日

目 录
C O N T E N T S

父亲教儿子读书，说："读书嘛，就要别无他想，心中只有书上的内容，这样心无杂念地大声读出来，是多么美妙的事情啊！只要心里想着读书是一件快乐的事情，就算把读书变成像玩耍一样、像唱歌一样的事情，也能边玩边把书里的东西慢慢领悟了。这叫'玩索而有得'。"

尽管"银奶"是独子，受到母亲和家人们的疼爱，但是父亲依然严格地遵从着从长辈们传下来的家风，诗书礼仪，洒水扫地，待人接物，几乎面面俱到地严加管教。

自宋代以来，反省收心的传统教育，就采用过"功过格"的方法。除了教《朱子治家格言》中的自我管理以外，仰周先生也用"功过格"来引导儿子学习做人。每天睡前，"银奶"都要做做反省的功课。

"银奶"小时候就向往侠士的行为。一个人的时候，只要一做完父亲安排给他的功课，他就会兴奋地翻开武术书，照着书上的图案，一招一式地依葫芦画瓢，练得有模有样，就是不敢发出一点儿声响。

父亲仰周先生曾经告诫常泰："仗剑需交天下士，黄金多买百城书。"意思是大丈夫顶天立地，要多交天下朋友，多交有知识、有本领、有道德的朋友；富足了，要多买书，多读书，培育人才。

南方海域有历史遗留的海盗问题，没想到，南家竟然遭遇了海盗劫掠的意外灾难，这使南家的情况发生了巨大的变化，仰周先生辛辛苦苦打拼积累下的家业，几乎一夜之间被劫个精光。

常泰十三岁时，短期插班的小学读完了，虽然学到了很多新知识，也很努力，可是毕竟在私塾里打下的根基和县城里的小学课程不同，毕业考试，他考了倒数第一名，也就是说他没有拿到小学毕业证书。

自从常泰小学插班结束后，一向管教严格的仰周先生认为，在家里自修，环境过于优越，人来人往比较嘈杂，容易分散注意力，让人变得懒散，于是决定把常泰送到家庙里去读书。那里比较幽静，容易让人静下心来。

青少年时期，正是满怀壮志、雄心勃勃而无处着手用力的时候，一位在外地做事的同乡回乡度假了，常泰就趁机前去打听一些外面的消息。这位同乡见多识广，便鼓动他到杭州的浙江省国术馆去学习。

迎面而来的带着咸腥味的风把他的头发都吹得竖起来，衣襟随风飘动，远远看去，常泰就像一个少年侠客走在红色的晨晖中，他那瘦小的身影被拉成一个高大的巨人的影子。他先搭车到了温州，再坐船到上海，又转坐火车才到了杭州。

人需交好的朋友，才能增长见识。常泰经常与一位戴眼镜的和尚打拳、练剑，同他聊天。和尚供他吃喝，还借书给他读。很快，他们就成了好朋友，常泰开玩笑叫和尚"四眼和尚"，和尚也不生气，反而开怀大笑。

第一章
南拳之乡地团叶

"哼！""哈！""嘿！"

无论是在刚泛起鱼肚白的清晨，还是在树梢被橘红的夕阳染红的傍晚，只要一走进地团叶村，还没看见人影就先听到一阵阵短促又有力的叫喊声！

初来乍到的人，听不清这些人喊的是什么，于是驻足聆听，猜测他们的行为。叫喊声在带着咸腥味儿的微风中此起彼伏，在轻摇慢晃的树影中此消彼长。举目望去，薄雾一样的霞辉笼罩着树木和房屋，远处的景色变得影影绰绰，更为这古老的村落增添了浓郁的神秘感。

进入村子，随处可见赤膊的人们在树下、在房前屋后打拳习武。他们时而弯腰弓背，时而蹲立俯身，个个筋脉绷鼓、肌肉隆起，动作快速有力，呼呼带风。从招

式和力道上观察和判断这些人的武术，他们练习的应该属于南拳。

没错！自古以来，浙江乐清的地团叶一带，就被称为"南拳之乡"。习武健身是居住在这里的人们的日常习惯。

地团叶的南拳古朴独特，这一特点的形成得从地团叶的地理条件说起。

地团叶位于浙江省东南部，属于温州管辖区内，紧邻福建省。这里属于沿海丘陵和平原地带，地势平坦，河道交错，东临乐清湾直至东海。地团叶的气候属亚热带季风气候，受海洋的影响明显，全年四季分明，温和湿润，植物生长茂盛，种类繁多。因此，地团叶的海产丰富，河海交通顺畅，居民们也靠海吃海，多以捕鱼为生。

古代时，海边的渔民经常受到海盗和外寇的侵袭，他们为了抗击海盗和倭寇，保卫家园，从而练就了南拳这一独特的拳种。南拳的特点是出招迅速，出其不意，力量充足，反应敏捷，动作干净利落，腿、脚、掌、指、臂、肘等的运用花样繁多。也就是说，这一带的南拳是从古代的实战对抗中逐渐形成并延续下来的，具有实际的抗击能力，绝对不是摆架势的花拳绣腿。

地团叶的历史沿革也对当地人习武的日常习惯有深

刻的影响。

　　当时，乐清县城已经有 1600 多年的历史了。最初的居民是在北方人口不断南迁时涌入的，致使当地人口迅速增加，而这些人中，有一部分是从北方迁到福建，再从福建来到浙南地区的。地团叶氏就是在这次人口迁徙的洪流中，于元末明初时期，从福建福清沿海路抵达乐清的，然后在翁垟一带落脚，形成一个以姓氏血缘为纽带的聚居点。叶氏一脉在这里传承了 600 多年。他们开垦、种植田地，建造房屋，发展水利、交通和医药文化等。地团叶的实业经济发展体现了鲜明的地域特色，比如盐业、黄杨木雕、蛎壳业和蛎灰生产等，都是其他乡村不曾见到的。

　　虽然地团叶是一个濒临东海，在滩涂上最后建立的村庄，但是在很早的时候，这里就有了私塾。叶氏家族在自己的村庄里建立了较为完整的体系。村里清一色都是叶姓人家，一些叶家的小孩甚至以为天下只有这一个姓氏呢！

　　地团叶的五个自然村分别是曙光、地盐、后岸、前岸、桥头，它们的形成有着各自的特色。据说，最先落脚的叶氏祖先生了五个男孩，这五个男孩长大后再次传承香火，这样子子孙孙延续下来，形成了五个聚居点，

分别称为大房、二房，以此类推至五房。大房的子孙所在的自然村就是桥头村，祖先的祠堂由大房负责主持，因此宗氏祠堂及家庙坐落于桥头村，经济生活及日常生活围绕这里开展。自此形成了一个以桥头村为中心的地团叶大村落。

血缘相系的五个自然村相互融合，边界很难界定，而整个地团叶的轮廓则相对清晰：两条主要街道，五条次要街道，一条汇入大海的河道。岸边就是防洪堤，也是农历八月十五的观潮胜地，海水翻滚，海浪拍岸，极为壮观。

一直到 19 世纪初，地团叶的居民多以叶姓为主。后来，村里搬来了南姓一家，主人姓南名光裕，字仰周，号化度。这家人很快就入乡随俗，并开起了一间杂货店，既卖米面油盐，也卖布匹鞋袜等。这位主人为人正直，又乐善好施，广交村民，加上他勤劳、经营有方，杂货店的生意逐渐兴旺。由于南姓人家少，因此，一提到南家的店铺，很多人都知道。逐渐地，当地人都尊称他为仰周先生。

第二章
南家得子小"银奶"

　　说起这位南姓的仰周先生，真是一位身世可怜但又很不简单的人。

　　南氏家族在当地曾经是一个大家族，祖先在宋代时从中原移居到浙江东南部的温州乐清一带。温州自古以来算是鱼米之乡，但乐清地团叶和附近的几个村庄，却是穷乡僻壤。这里地少人多，旱灾、台风、潮水倒灌等自然灾害经常发生，十年九荒，导致很多人以乞讨谋生。南家到仰周先生的祖父这一辈，已经变得非常衰落贫苦了。

　　更可怜的是，仰周先生还是一个"遗腹子"，在他还没出生的时候，父亲便去世了，由母亲抚养长大。因为家里失去了主要的劳动力，家境变得更加贫困，一家人

生活艰难，只能勉强糊口。由于受到当地人习武健身的影响，他年幼时便开始练习武术，而且练得非常刻苦，从不服输。天长日久，他的身体虽然不魁梧，但还算健壮，个子也不比同龄的小伙伴矮。

穷人家的孩子早当家，小仰周很早就学会自力更生了。他做事认真又能吃苦，十二岁起，就担起了整个大家庭的重担，跟着同村的商人，从学徒做起，学习经商。小仰周每天坚持早出晚归，走南闯北，逐渐了解和熟悉了经商的一些门道。除了家用开支，他把自己赚回来的钱都一点一滴地积攒起来。有时候，甚至在半夜里小仰周也会悄悄数一数自己积攒下来的钱。

没过几年，他用积攒下来的钱开了一家小杂货店，经营米面油盐等日用品。村里人知道他从小自立，性格顽强，吃苦能干，品行又好，都愿意光顾他的杂货店。经过坚持不懈的努力打拼和积累，南家的日子宽裕了很多，全家过上了吃喝不愁的生活。在那个艰难的时代，作为一个少年，小仰周凭借自己的勤劳刻苦能撑起一个大家，真的是非常不容易的。

成年以后，仰周先生带着族人从老宅搬到了不远的地团叶村，重新开店做起生意。这个村绝大部分人姓叶，很少有人姓南。因为经营有方，做人诚信又乐善好施，他的人缘很好，杂货店的生意也很兴隆。村里有需要帮助的人，仰周先生都愿意出手相助，从不斤斤计较。有一次，村里需要修建陡门（河道处蓄水放水的水闸）来防洪水，可是很多人家都比较贫困，不愿意拿出钱财来集资。仰周先生知道后，拿出了自己积攒下来的钱，又积极在村里筹资，很快就修建好了陡门。

虽然为村民做了贡献，仰周先生却从不傲慢，对待村民仍然客气尊重、谦虚礼貌，就像从没做过这件事一样。村民们都很敬重他，都知道他为人善良，耿直稳重。他在村里的声誉越来越高，后来村民们都推选他做乡长。

仰周先生和南家在地团叶的生活变得安稳富足，虽然还是很忙碌，但是一切还算顺利，不需要为生计发愁，全家人进进出出，开心和睦。

时光飞逝，在逐年的奔忙中，仰周先生已经年过三十，并娶了妻子。他的妻子是当地一位赵氏女子，没想到几年后，赵氏突然得了一场大病，不幸病逝。仰周先生续娶了她的妹妹，当然也称赵氏。继室赵氏虽识字不多，但为人非常和气，心地善良，和家人、族人和村民们都相处得很好。

这时候南家的人丁并不兴旺，仰周先生又到了这个

7

年龄，他开始有了一件烦心的事情——没有孩子。在那个年代，这是一件非常不光彩的事情。在农村，男子一般刚刚成年就结婚生子了。仰周先生是家里的单传儿子，因此，他们一直盼望着能生几个孩子，续上南家的香火，也好传宗接代。眼看着同龄人的孩子都长大了，仰周先生和妻子心急如焚。偏偏赵氏过门以后，一年、两年、三年，都没有一点儿生儿育女的迹象。这时，人前人后，家族中的闲言碎语日渐增多，他们不得不面对传宗接代的压力。

没有孩子，仰周先生的妻子总感觉在家里低人一等，也不敢大声言语，事事任劳任怨。家人有时候不免有意无意地嘲讽她，她也只能悄悄地躲在一旁，暗自伤心。每天她都不得不硬着头皮，顶着大家的议论，心里也总是自责，感觉对不起丈夫和南家人。

仰周先生的心里也不是滋味，只得安慰妻子，自己的内心却像一团燃烧着的火，时刻盼望着妻子能够怀孕，延续南家的香火。

三十岁还没有孩子，在农村已经算是高龄了，村里人开始悄悄议论起来，这让仰周先生和妻子更加焦虑，寝食难安。就在他们越来越烦恼的时候，终于有了好消息，赵氏怀孕了。这个消息让整个南家都变得无比开心，大家众星捧月一样，忙里忙外地伺候着她，生怕她有个什么闪失。

怀胎十月，虽然欣喜，但也度日如年。看着逐渐隆起的肚子，仰周先生和妻子总是不断地抚摸肚皮，或者贴着肚皮听听小家伙的动静，小家伙不免也会踢上仰周先生几脚。

"一定是个练家子！"仰周先生开心极了，嘴角、眉梢都扬着笑意。一家上下将一切迎接新生儿的工作都准备停当，就等待着婴儿呱呱坠地。

1918 年 3 月 18 日这一天，南家的喜事来临了，赵氏在二十六岁的"高龄"时，终于让仰周先生如愿做了爸爸，而且还是个男婴！这在当时，对仰周先生来说，足以称得上是"晚年得子"了。这使得南家人感到特别欣喜，个个兴奋地忙碌起来，帮助张罗和准备喜酒。亲戚朋友们都来随礼道贺，家里喜气洋洋，笑语盈门。人们看见新生婴儿，无一例外地都要多看两眼，多抱几下。

这个来之不易的儿子成了南家人的"心头肉"。他们给儿子起了乳名——银奶。按照南氏家族"嗣元应德光，常存君子道"的辈分排序，"银奶"属"常"字辈，家谱名讳为南常泰，别号玉溪，是南氏家族的第二十五代传人，后来又取名南怀瑾。

第三章
"银奶"母乳到七岁

自古以来，人们就一直有"重男轻女"的观念。自从生下男婴后，仰周先生的妻子赵氏为南家续上了香火，自然是大功一件，在家里和南氏家族中的地位也高了不少，腰杆子硬了很多，在培养和管教孩子方面自然也获得了不少说话的权利。因为家境宽裕，"银奶"成了家中的小少爷，一家人都对"银奶"格外关心，呵护备至，几乎是有求必应，尽可能什么都想给他最好的。除了穿衣戴帽比普通人家的孩子要好很多，就连平常的饭菜也是尽量挑选他喜欢吃的，零食小点心应有尽有。可是"银奶"偏偏从小就不爱吃饭，喜欢吃各种零食，因此，他的身体很弱，只要一着凉或受了风寒，他就会生病。伤风、感冒这些小病成了家常便饭。虽然没有患特别严重的疾病，但小病不断也让仰周先生和妻子很头疼，也没有什么好的解决办法。

"孩子总生病，这可真愁人。"每到"银奶"生病时，疼爱儿子的仰周先生就会发愁地走来走去。以他的急性子和脾气，孩子生病的那些天，简直是一种折磨。

"哎，盼了这么多年，终于盼到了这个命根子，哪想到他会这么体弱多病呢！你别发愁了，也许长大一些就会好的。"妻子安慰着仰周先生，看着怀里的"银奶"。"银奶"的身子像个小火炉，小脸烧得通红，他无精打采地靠在妈妈身上，不再调皮地喊叫和乱动了。

"嗯，你也受累了，真希望大一些，他会强壮起来。"仰周先生用温毛巾给"银奶"擦了擦脸，又给妻子擦了擦额头。他们四目对望着，仰周先生把她们母子搂在怀里。

"我听说，小孩子初生吃母乳是最健康的，都说新生儿六个月前不生病，就是因为吃了母乳。"赵氏亲亲儿子，"还这么烫，真怕他烧出大毛病来。我想让'银奶'多吃母乳，也许那样会好一点儿。"

"可是，一般小孩吃母乳最多也就到两三岁，哪儿有那么多的母乳给他？"仰周先生一边疼爱地搂紧妻子，一边轻轻抚摸着儿子。

11

"我们可以试试嘛，只要'银奶'他的身体强壮些，我多补补也就是了。"赵氏把头靠在仰周先生的肩头。

"好吧，就听你的吧。"仰周先生也没有更好的主意，只好依了妻子。

"孩子都这么大了，不能总这样给他喂奶吧?"家里人经常提醒赵氏。

"孩子长大了，该断奶了。"家族里的其他人也经常这样对仰周先生说。

"孩子身体比较弱，再让他吃一阵子吧。"赵氏总这样回答。

"是啊，我们家'银奶'体格太弱了，就由他娘，再吃一阵吧。"仰周先生也不好劝阻妻子，就这样，一转眼，几年工夫过去了，"银奶"的身体并没有因为吃了那么多的母乳变得强壮，还是会经常生些小毛病。

"银奶"的个子一天天长高，脸庞周正，浓眉大眼，头发浓厚，机灵好动，说话乖巧，一看就是招人喜爱的孩子，就是仍然瘦瘦的。

看着"银奶"跑来跳去，就像一根渔线，一直牵着赵氏的眼睛，走到哪儿，她都不放心地远远瞧着，感觉他要饿了的时候，就挥手招呼他："'银奶'，'银奶'，快回来，该吃'饭'了!"

　　"银奶"听见后，就会张开双臂，伸出小手，高兴地跑向妈妈，一头扑进妈妈的怀里。然后，母子两人手挽手，回到家里，"银奶"再次扑进妈妈的怀里，开始吃奶。

　　"孩子都这么大了，该给他断奶了。"南家的长辈们又不停地提醒仰周先生夫妻。

　　"再让他吃一阵吧，他的身子骨还很弱。"赵氏微微一笑，"等我们'银奶'再大一点儿吧。"

　　"是啊，'银奶'的身子还有点儿弱，就依着他娘吧。"仰周先生也护着妻子说话。看他们这么坚持，家人和族人也不好再说什么了。

　　"'银奶'这孩子都好几岁了，怎么还不断奶呀？"

　　"嗯，可不是早就该断奶了吗？我们家的宝贝两岁的时候就断奶了。现在他自己什么都能吃呢！"

　　村民们在背后也议论纷纷。

　　"要不，咱们给'银奶'断奶吧？"仰周先生听到村民们的议论后，有些犹豫，"孩子是有点儿过了吃奶的年龄了，你看，都六岁了，现在该读私塾见先生了。"

　　"再吃一阵吧，他的身子刚刚才健壮一点儿。"看着妻子这么坚决，仰周先生也始终犹豫着，下不了决心。

　　"银奶"六岁时，父亲仰周先生把他送到村里的私塾

去了。仰周先生自己小时候只读过几年私塾，一直认为"那真是一生都感到非常遗憾的事情"。现在，以仰周先生为顶梁柱的南家是典型的"耕读之家"，因为家里只有几亩田地，田中事务并不算很重，每当忙完田里的农活，他便把剩余的时间用来经营杂货店和读书。自古代传下来的传统观念里，"士农工商"，商人排在最末位。但由于仰周先生很小的时候就跟别人学习经商，又开了一家杂货店，担起养家的重担，生活还算过得富足。在他看来，只有经商才是世上最好的职业，如果生意做好了，发了财，连官府的官差都要上门攀附。因此，他特别希望自己的这根宝贝"独苗"——"银奶"能多读书，专心学业，长大以后做一个知书达理的读书人，一面经商，一面耕作，平平静静、安安稳稳地度过一生。

与"银奶"一起来私塾读书的孩子，基本都比"银奶"的年龄大一些，身体也比他强壮很多。孩子们都在长身体，在私塾学习的时间一长，肚子就饿得很快。每到课间休息的时候，"银奶"的同学们都会快速地跑回家，吃点点心垫垫肚子，再跑回私塾上课。"银奶"当然也跟别的同学一起，一窝蜂地往家跑，虽然他跑得比别人慢了一点儿，不过他的妈妈总会在家门口等着他。跟别的同学不一样的是，他跑回家，竟然是为了扑到妈妈怀里吮几口奶，因此他常常会遭到同学们的讥笑。

"哈哈，'银奶'，你都这么大了，怎么还吃奶呀？"

"吃奶娃，长不大；吃奶娃，想妈妈。"

"哈哈，真丢人，人家跑回家吃饭，你跑回家吃奶。"

"是啊，是啊，都读私塾了，是学生了，还跑回家吃奶，真没羞。"

"银奶"听了羞愧地红了脸。晚上回到家，总会靠在妈妈身上撒娇，倾诉委屈："妈妈，我长大了，我不要吃奶了。同学们都嘲笑我。"

"别听那些话，都是小孩子，他们不懂的，你的身子弱，要多吃一阵子才行。"妈妈爱怜地搂着"银奶"，临睡前，又让他吃几口奶，"银奶"好像也忘记了自己说过的话，开心地吸吮着，直到甜甜地入睡。

就这样，"银奶"一直都没有断奶，美美地吃到了七岁，直到妈妈没有了乳汁。虽然不再吃奶，但是作为家中唯一的孩子，没有兄弟姐妹一起成长和玩耍，"银奶"感到特别孤独和寂寞，只有妈妈陪伴着他。只有和妈妈在一起，他才感觉很开心，就连睡觉都一直跟妈妈一起，直到长大后离开家乡去外地读书。

第四章
童年多病常做梦

　　也许是体弱多病又特别贪玩的原因，"银奶"几乎每天晚上睡觉都做梦。他做各种各样的梦，睡着睡着，总会乱动胳膊乱踢腿。有时候，他会说些谁也听不清楚的梦话，也常常会做一些噩梦，以至半夜大声哭叫着从梦中惊醒。他又哭又闹，弄得全家都不得安宁。清晨醒来，"银奶"总觉得身体很疲倦。

　　做梦是一件很好玩的事情，几乎每个小孩都会好奇，"银奶"也不例外。清晨，正在梦中的"银奶"被外面的嘈杂声吵醒，他就会用被子蒙住头，再闭上眼睛，想把没做完的梦再接上。但是很多梦，一大早醒来多半都忘记了，只是模模糊糊地有个粗略的记忆。不过，有几个梦，"银奶"却始终忘不掉，也许那些是可怕的噩梦吧。

　　有一天晚上，"银奶"很早就睡了，睡得很香甜，不时还咧着嘴笑。他梦见妈妈抱着他到海边玩耍，海边离家不算远，也就几里路，他们不一会儿就到了。站在海边，海风轻轻地吹着，妈妈把"银奶"搂在怀里，"银奶"觉得十分温暖。他们一起眺望东方，等待海上的日出。这时的海面，水天一色，白茫茫一片，不知道是云还是雾气，白色里面微微透着一点儿红，原来是太阳就要升起来了。"银奶"高兴地、挣扎着坐起来，瞪大了眼睛。忽然，天空乌云密布，海面上巨浪翻滚，天空中出现了无数条龙，那些数不清的龙在空中飞舞，朝他们扑来，"银奶"害怕它们会伤害到妈妈和自己，就急忙伸出小手去抓，抓住一条，就用双手一扯，把一条龙扯成两段，扔在地上。再抓一条，又扯成两段，又扔在地上。到最后，空中只剩下一条巨大的黑龙在张牙舞爪，"银奶"再伸手去抓，却怎么也抓不住。就在又气又急的时候，他被惊醒了，猛地从床上坐起来，胡乱地挥舞着手臂，嘴里大呼大叫，拼命地哭起来。和他睡在一张床上的妈妈被他吓醒了，爸爸和家里人听见哭声，急忙跑上楼。妈妈把他紧紧搂在怀里，又是轻轻地抚拍，又是轻声地叫唤，知道他准是又做噩梦了，安抚了好一会儿，

"银奶"才算平静下来。

"怎么啦，'银奶'？"妈妈擦着他额头上的大汗珠儿，轻声问。

"哦，妈妈，吓死我了，那些张牙舞爪的龙要来抓我们。""银奶"把这个可怕的梦讲给爸爸妈妈听。

"日有所思，夜有所梦，可能是因为你平时看了一些关于神话的书，又喜欢胡思乱想，才会做这样的梦吧。"爸爸仰周先生拍拍"银奶"的肩膀，"别怕，'银奶'，只要你以后身体强壮了，就不会做这样的梦了，就算是真的遇到了可怕的黑龙，你也不会怕它们的！"

"嗯，爸爸，等我长大了，身体一定会棒棒的，我要学武功，一定能制服那些龙。""银奶"握握小拳头，这场虚惊才算平息。

"银奶"很小的时候，很怕黑，也很怕鬼。因为大人们总会讲一些鬼故事，那些鬼故事很吸引人，小孩都爱听。有时候，大人们会用鬼故事来吓唬调皮的小孩。调皮的"银奶"自然听到了很多鬼故事。他跟别的孩子一样，又怕鬼又想听关于鬼的故事。因为夜里害怕会有鬼，一直到十几岁了，他还跟妈妈睡在同一张床上。老式的床很大，像一间小屋，"银奶"睡在里头，妈妈睡在外头。他总要妈妈保护着他，才会有安全感。

有一次，他梦见自己一人出去玩，玩着玩着，天就黑了。他不知不觉来到一个很黑很黑的地方，心里很害怕，不敢睁大眼睛，双手环抱，哆哆嗦嗦地往前走，背上都冒出了冷汗。慢慢地，前方出现了一线光亮，他也不知道是怎么回事，就赶紧顺着光亮往前走。忽然，半空中出现了一只浑身黑色的大老虎，老虎扑了过来，趴在了他的身上。老虎并没有吃他也没有伤害他，但他还是被吓坏了："救命啊！"他大喊着，一下子醒了，坐起来后，浑身都是汗，这时候却怎么也说不出话来了。床外头被惊醒的妈妈也猛地坐起来。他连忙朝妈妈挥手臂，手像老虎的爪子一样胡乱挥舞，吓得妈妈也大叫起来，以为他中了邪。一家人听见他们的喊叫声，以为来了贼，又都急忙跑上楼来，才知道又是"银奶"做了噩梦。

还有一次，"银奶"梦见自己不知怎么就站到了一个大磨盘上面。石磨是温州一带的农村里家家必备的物品。石磨有大有小，或一个人推，或两个人推，把米磨成粉，做米饼和年糕。

"银奶"站在大磨盘中央，磨盘自动转起来，也没有人推，就在那儿不停地转。石磨的周围，挤满了豺狼虎豹等各种凶恶的野兽，个个龇牙咧嘴，张着血盆大

口，面对这样恐怖的场景，又无路可逃，"银奶"一下子被吓醒了，出了一身冷汗。当然，家人们又难免跟着折腾了半夜，直到他平静下来，躺在妈妈的怀里，均匀地呼吸着，甜甜地睡着了，大家才回去接着睡觉。

后来，爸爸仰周先生和妈妈赵氏向长辈请教："银奶"为什么总是做梦。长辈说，主要是"银奶"气虚体弱，容易累倦和胡思乱想。只要身体健壮了，那些噩梦自然就会消失了。本来"银奶"就喜欢偷偷看武侠书，听到长辈们这样一说，"银奶"更想学习武术。他觉得习武不仅身体会健壮，也不用再怕黑怕做噩梦了。如果练武后，他能像神仙一样神通广大，还可以保护家人，保护村民，再有海盗和外寇来捣乱，也不用害怕了。

第五章
玩索诵读得启蒙

　　私塾是中国的旧式教育形式，学生在私塾里主要学习四书五经，吟咏和诵读是主要的学习方式。私塾里的教书先生不会特别深入详细地讲解文章的含义，也不要求学生完全理解，只要能熟背牢记就可以了。私塾里的先生总是捧着书本摇头晃脑地示范和领读，学生虽然不知道念的是什么，但是也会模仿先生的样子，捧着书本摇头晃脑地读，学得有模有样。

　　"银奶"所在的私塾里面，教书先生都是经历了清代末期的老人家，他们很多人都曾在清朝时期参加过科举考试，并考取过功名，至少也是举人，不少人还做过官。他们博览群书，在古文、历史等传统文化方面知识渊博，不过对当时从国外引进来的新学科、新思想和新

文化等都比较排斥。先生们对学生的管教也很严格，上课时，先生们坐着讲话，"银奶"和其他学生都恭恭敬敬地站在一旁或者老老实实地坐在座位上听讲。如果有哪个调皮的学生，上课时敢乱动或做一些小动作被先生发现，那就会受到惩罚。轻一些的惩罚是先生拿出木制或竹制的戒尺在手上打几下，以示警告；重一些的惩罚，先生不仅用戒尺打手的劲头要大很多，以致受罚的学生手掌红肿，还会被罚站在门外听课，当然晚上回家也免不了再受到家长的严厉惩罚。

先生们教授的是古代诗文和四书五经等的吟咏和诵读。"银奶"虽然聪明机灵，但不是一个特别乖又一声不响的孩子。他很调皮，又很爱玩。下课时，他会主动和同学们追逐打闹，不过一到上课时间，他就马上挺直腰板，认真地听先生讲课，一点也不敢乱动。因为不仅私塾里的先生很严厉，家里的父亲更加严厉。由于先生们的严格要求，上课时谁也不敢轻易乱动，那些四书五经里的文章，不管懂不懂，都得背得滚瓜烂熟，如果背不熟练，同样也会受到惩罚，比如会罚他们在放学后留在私塾里继续背诵，或者抄写诗文。"银奶"和同学们只好在课堂上跟着先生摇头晃脑地大声朗读背诵。听！远远地就能听到从私塾里传出来的整齐的读书声。

"士不可以不弘毅，任重而道远。仁以为己任，不亦重乎？死而后已，不亦远乎？"

——《论语·泰伯篇》

"物格而后知至，知至而后意诚，意诚而后心正，心正而后身修，身修而后家齐，家齐而后国治，国治而后天下平。"

——《大学》

"三人行，必有我师焉。择其善者而从之，其不善者而改之。"

——《论语·述而篇》

……

一到课间休息或者放学时，"银奶"和同学们就像从笼子里飞出的小鸟，一边嬉笑打闹着，一边大声念着课堂上背诵的诗文跑出学堂。银铃般的笑声和朗读声回荡在村子上空，一直传到很远，久久不会散去。

"银奶"虽然和别的同学一样贪玩又调皮，但是个能动能静的孩子。尤其当他看到先生们和父亲认真读书的样子时，他很羡慕，于是安静地捧起书来读。他对学到的文章都会专心背诵，并努力研究每篇文章的含义。遇

到比较难懂的文章，他就会礼貌地向先生请教，直到弄懂为止。正是这些吟咏诵读帮助"银奶"和他的同学们有了良好的基础。

仰周先生对"银奶"读书的事儿也很严格。

他白天忙着打理杂货店的生意，招呼顾客，晚上一打烊，就会拉一把摇椅坐在"银奶"的后面，督促他读书。说是督促，仰周先生也有自己的读书方法和态度，他总是提醒"银奶"："读书时，就要别无他想，心中只有书本的内容。这样心无杂念地大声诵读，是多么美妙的事情啊！只要心里想着读书是一件快乐的事情，把读书变成像玩耍或唱歌一样有趣的事，就能边玩边领悟书本里的东西。这叫'玩索而有得'。"

在父亲的眼皮底下，"银奶"自然不敢放松，也不会捧着书本装模作样，总是沉浸在书本里，认真研读。在家里读书，虽然被父亲看管得很严，却不像在私塾里面一动也不能动，他可以边走边大声朗读，也可以在记住了书中的内容后，边玩耍边大声背诵。即便是在玩，他也会复习一下刚刚读过的书。

仰周先生也非常喜欢读书，每当他忙完了手中的活，有时间躺在摇椅上，就会一边轻轻地摇着，一边轻声吟诵："尘世无由识九还……"这是仰周先生最享受和最惬意的时光了。有时候，他还会站起来，边大声吟咏，边手舞足蹈地哼唱着，越读书兴致越高。

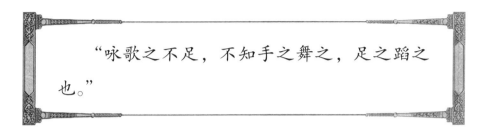

> "咏歌之不足，不知手之舞之，足之蹈之也。"

他经常对"银奶"这么说。

虽然他很严格地督促"银奶"读书，但又反对死读书、苦读书。他特别注重把书真正地读出声来，通过吟诵发现文字的韵律美感，想象文字所描绘的美丽画面。

受到父亲的影响，"银奶"有时候会边读边唱，也会边摇晃着身子，边挥舞着手臂。手中的书跟着一摇一颤，那架势就像一个如痴如醉的大学者。

在私塾先生们和家中父亲长久的严格的教育下，读书成了"银奶"的一种日常习惯，就算没有人督促他也不会偷懒。不过有时候他喜欢看闲书，当然他不敢当着爸爸的面看，常常偷偷地在书桌下面的抽屉里放一本《红楼梦》，得空的时候瞅几眼，翻几页，然后在玩耍时或晚上躺在床上时回味一下书里的那些优美的文字。

有时候，"银奶"在阁楼上的书房里念书，父亲仰周先生也会悄悄地走上来，站在楼梯口静静地看着。看到

"银奶"十分认真地念书，一点儿都没察觉到有人上来，仰周先生感到非常欣慰，满意地点着头。有时候，"银奶"觉得困了，会打个哈欠，仰周先生就会轻轻咳嗽两声提醒他，也会很严肃地告诉他白天不要贪睡，并说：

"三更灯火五更鸡，正是男儿读书时。"

当他转身下楼时，也会稍稍停一会儿，依旧不动声色，静静地听着，直到楼上又传来"银奶"的读书声，这才满意地离开。

仰周先生夫妇一向感情很好，相处和睦，可是有一次，不知道什么原因两人吵了起来。"银奶"正在认真地看书，听到两人吵架的声音，一下子变得很生气，跑到他们两人中间一站，大声说："不要吵了，你们两个人吵什么？吵得我都不能看书了！"说完这话，他自己都感到莫名其妙，不知道为什么有勇气发这么大的脾气。爸爸、妈妈也被他吼得一下子愣住了，两个人的争吵也就戛然而止了。

后来，"银奶"知道这样对待长辈不尊敬，心里十分羞愧和后悔。

没想到当天晚上，父亲主动拉着他，和蔼地告诉他："孩子，你终于长大了，现在你虽然犯了错误，但是我不会惩罚你了，只给你讲道理。"

听父亲这么一说，"银奶"再也控制不住，眼泪唰唰地掉了下来，觉得这是一个严重的问题。仰周先生看见宝贝儿子掉了眼泪，欣慰地笑了，赶紧帮他擦掉眼泪，连他说话的语气都变得罕见的和缓和温柔："去吧，儿子，读书去吧，好好看书，没事了。"

通过这件事，"银奶"明白了父亲的严厉并不是没有道理的。对于还不能明辨是非，也不能理解父母用意的小孩，要用这样的方法对待：事事都面面俱到地加以提醒，并严厉地予以教导。因为他们还小，不能对自己所做的事情负责，等他们长大些，能够像大人一样学会独立思考的时候，父母亲则会像对待大人一样，跟他们讲道理，与他们耐心交谈。

"银奶"读书的习惯，从去私塾开始，一直都没有间断过。到了十一岁，他已经读了很多古书，四书五经、诸子百家，都掌握得很全面了。他还特别用心地学习了文学、书法、诗词曲赋等，变成一个学识不俗的小"学究"了。

第五章 玩索诵读得启蒙

第六章 严父慈母树家风

第六章
严父慈母树家风

　　别看"银奶"体弱多病，又很瘦小，但是天资聪颖，思维活跃，精妙点子多，也常常因此犯一些错误。"银奶"是家里唯一的香火，父亲仰周先生和所有南家人都特别宠爱他，对他几乎百依百顺，但是父亲对他的爱不是过分溺爱，而是严格地遵从自古传下来的家风，诗书礼仪、洒水扫地、待人接物，几乎面面俱到地严加管教。在许多涉及原则的问题上，父亲一点儿也不含糊，该批评该教育的地方毫不宽容，从不肯轻易让步，姑息纵容。

　　南家的家教特别严格，妈妈赵氏则是"银奶"的"观世音菩萨"。每次"银奶"惹祸要遭受爸爸严厉的惩罚时，妈妈就会及时出现，帮他"化险为夷，渡过难关"。

　　父亲仰周先生的"凶脾气"，是左邻右舍都知晓的，

又加上他日常习武，惩罚孩子时出手很重，这也是妈妈总是护着"银奶"的原因。

有一次，"银奶"同邻居家的孩子吵架，因为小孩子还都不大懂得什么是"老祖宗"，吵起架来，也学着村里的大人们互相骂"祖宗"。"银奶"天天读书背经，练得嘴皮子功夫很好，说话总像倒豆子一样，干脆利落，从来不会结结巴巴、吞吞吐吐。这次，因为嘴快又不大懂得那些脏话的意思，一不小心竟然张口骂错了，骂了自己家的祖宗，这在当地是被看作有损自己家门的事。父亲仰周先生知道后，马上大发雷霆，不由分说地就踢了"银奶"两脚，并一把将"银奶"推到门前的小河沟里，不让他上岸。"银奶"马上委屈得大声哭起来，也不敢自己往岸上爬，只得眼巴巴地看着父亲，等着父亲消气后，宽恕了他。

"仰周，都是小孩子不懂事，吵架打架也是正常的，何必这么惩罚孩子呢？"围观的村民们急忙劝说。

"是啊，是啊，小孩子闹着玩，他知道错了也就算了吧。"家人们也来拉仰周先生。

"哼，怎么能这么轻易就饶了他，不好好教训他，他以后还会继续犯错的。"仰周先生的"凶脾气"果然名不虚传，坚持要用家法，狠狠鞭打"银奶"。

见谁也劝不了他，家人急忙跑进院子去搬救兵——"银奶"的妈妈赵氏，就在仰周先生要把"银奶"从河里拉上来准备执行家法之际，妈妈急急忙忙地跑来了。

"仰周，仰周，'银奶'还是个孩子啊，你怎么能这么重地惩罚他？本来他的身子骨就很弱，要是被你打坏了，怎么得了？咱家可就这么一根独苗啊，难道你就忍心把他打坏吗？"赵氏拉住仰周先生，擦起了眼泪。

"哎！"看着妻子哭了起来，仰周先生尽管没有彻底消火，仍然怒目圆睁地瞪着"银奶"，但也只好一握拳头，听了妻子的话。"银奶"被妈妈拉上来，紧紧贴着妈妈的身子，躲在妈妈身后，不敢伸出头来看爸爸。就这样，妈妈救了"银奶"，避免了受家法惩罚。不过，可能因为在水里站的时间太长，着了凉，"银奶"又生病了。而且从那以后，不知道是怕爸爸的惩罚还是怕水，他再也不敢靠近河边，更不敢下水，一直没学会游泳。

后来，仰周先生消了气，感觉自己确实有点儿火气过了头，也怕宝贝儿子被他吓坏，晚上就搂着"银奶"，给他讲惩罚原因："'银奶'呀，爸爸对你发脾气，并不是要打坏你，小孩子嬉闹吵架也是常有的事，但是骂祖宗就是不好的事情，骂谁都不是一个读过书的孩子应该做的事情。大人们骂人也是不应该的，小孩子更不要去

学大人们吵架骂人的话。以后要记得，不要骂人，说话时言语也不要过于激烈、说出过分的话语，记住了吗？"

"银奶"绷着嘴唇，使劲儿点头。从那以后，再与伙伴们打闹，"银奶"都不敢骂人了，与别人交谈时也不再牙尖嘴快地抢白了，说话前都会认真地想一想。

与爸爸的严格家教相比，妈妈的管教方法就温和了很多，逐渐懂事的"银奶"，经常会从妈妈的言语中领悟出一些道理。

"'银奶'，快去帮妈妈打一碗酱油回来。"有一回，赵氏正在烧菜，突然发现酱油没有了，便叫"银奶"去隔壁杂货店里打一碗回来。

"哦。""银奶"听见了，马上拿了一个碗跑出去。他以前从来没有买过酱油，为了顺利完成妈妈交给他的任务，他特别小心谨慎，一丝一毫都不敢马虎。他付了钱，打好酱油，准备往家走。他看到碗里的酱油一晃一晃的，感觉总要溅出来似的，于是他就小心翼翼地边走边看着手中的碗，不让酱油洒出来。然而事与愿违，他越是小心，碗里的酱油就越是摇晃，结果却因为碗端得太紧，竟把整碗酱油都晃出去了。

看到自己小心呵护的酱油竟然一点儿面子也不给，全洒了出来，一想到前功尽弃，功亏一篑，他气得直接把碗摔到了地上，头也不回地往前走。过了一会儿，他想想还是得回去交差，只能空着两手回了家，准备接受妈妈的批评。

妈妈赵氏深知"银奶"的犟脾气，一看见他垂头丧气、一步一甩手臂的样子，就知道他准是把酱油弄洒了。她安静地看着"银奶"，没有马上说话。"银奶"看着妈妈，嘴巴一撇，委屈得就要哭出来，不过令他惊讶的是，妈妈没有生气，也没有批评他。

"酱油弄洒了吧?"妈妈擦擦手上的水，抚摸着"银奶"的头。

"嗯。""银奶"靠在妈妈身上，妈妈身上还有一股好闻的菜香呢。"都怪我没用，一碗酱油都被我弄洒了。""银奶"噘起了嘴巴，眨巴着眼睛，"可是，妈妈，我真的很小心了，不知道为什么，我越是小心，酱油越是不听话，总是往外晃。"

"洒了就洒了，你再去打一碗试试看。不要担心会洒，也不要总看着碗里的酱油，只管大胆看着路就行了。"妈妈朝"银奶"微微地笑了一下。看到妈妈的笑容，"银奶"心里舒服多了。

"嗯。""银奶"大声答应着，又重新拿一个干净的碗去打酱油，信心十足地跑出杂货店。

　　听了妈妈的话以后，"银奶"就改变了策略，不再像刚才那样小心翼翼地紧盯着碗里的酱油了，而是买了酱油，头都不低，看都不看，没把酱油放在心上，也不怕它晃出来，只是昂首挺胸地走着，很快就走回家了，而且酱油竟然一点儿也没有晃出来。

　　后来，他总想起这件小事，认为其中蕴含着深刻的道理。慢慢地，他琢磨了好多次，懂得了很多事情就是这样，你越在意，就越紧张，反而越容易失去。

　　有人问"银奶"："你打掉了那个碗，为什么头都不低，看都不看一下呢？"

　　"都已经掉在地上了，再看它干吗？如果我们打翻了一碗酱油，在那里看个半天，一直感到可惜，然后去捡那碗，摸摸酱油，又把手弄脏了，往身上一擦，反而将油渍沾在衣服上，气在心里，这不是很笨吗？破了就破了，待在那里自怨自艾，没完没了地责备自己，何苦呢？""银奶"回答道。

　　妈妈对他的爱护和帮助，体现在非常平常的小事中，她并不是特意要通过那么做来告诉他道理，但是"银奶"一直牢牢地铭记在心里，时常再回想一下。

　　"银奶"读书非常用功，但是总想不明白为什么要读书。父亲仰周先生同他说过的道理，他也总是一知半解。"读书求学问的目的不只是为了学好技能，找一个能填饱肚子的工作，而是先完善自己的人格，以成为圣贤为目标，技能只是附带的。要是做了官，心里要想着国家，就像范仲淹所说的：

> '居庙堂之高则忧其民，处江湖之远则忧其君。'"

不过，"银奶"受到了祖母的一次偶然点拨后，感觉像被捅破了一层窗户纸，心里一下子变得明朗很多。

有一天，他坐在祖母的床边读书，祖母突然停下手中的针线活，说："孩子啊，读书可以，千万不要做官！"

当时，"银奶"正在看《三国志》，为三国时期忠心耿耿的大臣们辅佐君王的事而心潮澎湃呢。听祖母这么一说，非常惊讶，就大声问："为什么啊？自古以来，读书人都为了求得功名做大官，报效国家，读书不做官，那我读书干什么呀？"

祖母微微摇头，回答他："'一代做官九代牛。'做了一代官，要是做了很多不好的事，那九辈子的后代要做牛做马回报给老百姓。所以呀，孩子，读书可以研究

学问，教授别人，但是不要做官！"

祖母用了当地的一句俗语。后来，"银奶"经常会琢磨这些话，他逐渐明白了祖母的意思，读书的目的可以不是为了做官，传授学问、培养人才是更大的目标。这样一句简单的叮嘱从那时起就改变了"银奶"读书的目的，他确定了"不问官职只做学问"的远大理想。

第七章 背诵《朱子治家格言》

第七章　功过格里记"功""过"

第七章
功过格里记"功""过"

　　仰周先生特别注重家风，不仅对家人的要求十分严格，而且事事亲力亲为，亲身体验，一点儿都不含糊地要求自己。

　　他也要求"银奶"能够把学习到的道理与日常的行为保持一致，不能只知道做事的道理，但是做起来又是另外一回事。他每天都把《朱子治家格言》摆在桌上，有空时就会翻看阅读，也要求"银奶"每天早晚都要向他背诵，这成了"银奶"每天必做的功课。

　　"黎明即起，洒扫庭除，要内外整洁。既昏便息，关锁门户，必亲自检点。一粥一饭，当思来处不易；半丝半缕，恒念物力维艰。

> 宜未雨而绸缪，毋临渴而掘井。自奉必须俭约，宴客切勿流连。器具质而洁，瓦缶胜金玉；饮食约而精，园蔬愈珍馐。勿营华屋，勿谋良田……"

不仅如此，他还要求"银奶"每天照着书上讲的内容如实地做。"黎明即起，洒扫庭院，要内外整洁；既昏便息，关锁门户，必亲自检点……"

从少年时期起，仰周先生就开始打拼，辛苦积累下来的家业让南家虽然算不上大富大贵，但是也称得上是衣食无忧的小康之家了。家里还雇了不少佣人，还有跟随他学做生意的学徒。

尽管如此，就算在夜里下了大雪的冬天，一大清早，天才蒙蒙亮，他也会把还在睡梦中的"银奶"叫起来打扫院子。

"天还没亮，外面又那么冷，孩子还小，再说家里还有佣人呢，何必让"银奶"起这么早呢？他夜里读书读到那么晚，就让他多睡一会儿吧。""银奶"的妈妈很心疼儿子，拉着"银奶"的被子，不让仰周先生叫醒"银奶"。

"不行！小孩子就要从小严格教育，立下家规，每件事都要尽力去做，言行一致，长大了才可以担当重任，怎么能因为天冷夜长贪睡呢？"仰周先生很固执，认准的事情绝不改变，何况是要贯彻自己教育原则的事情呢！他坚持要让"银奶"起床出来扫雪，对妻子也很严肃地告诫："你不要娇纵他，不然长大了没有出息，不知道在世上生活的艰苦。家里固然有佣人，但他也不该因此而享受啊！"

没办法，父命难违，"银奶"只得迷迷糊糊地爬起来，睡眼惺忪地匆忙穿好衣服，打着哈欠，拿起扫把，一个人到院子里扫起雪来。

仰周先生甚至还不让他戴手套，"银奶"的小手不久就冻得肿了起来，像螃蟹一样。虽然仰周先生心里也疼惜，不过还是静静地看着他完工才让他进屋去吃早饭。

"银奶"小时候，南家的生意还不错，从来不需要为钱的事烦恼。仰周先生在柜台后面放了一个很深的大盘子，每次卖东西找回来的零钱都会随手放到盘子里，渐渐地，盘子里就积累了非常多的铜板。有一次，"银奶"想去买糖果吃，一下子找不到家里的大人，就自己跑到柜台后面，从盘里抓了一大把铜板。因为没有口袋，就掀起衣摆来兜着铜板，然后往后院跑。伙计们看见了，都当小少爷调皮，也没人去说他。

可是当他跑到后院时，正好遇到他的爸爸，他吓得双手一松，铜板掉了下来，滚了满地。他害怕得大气也不敢出，眨巴着眼睛站在那儿。

"'银奶'，你拿这么多的铜板要干什么？"仰周先生很严肃地看着儿子。

"我……我想买一些糖果。""银奶"支吾着，不敢说谎。

"买糖果？买糖果也不需要拿这么多铜板吧？你为什么不经过我的同意就私自去柜台里拿钱呢？"仰周先生盯着散落一地的铜板，"快把它们捡起来，放回到盘子里去。"

"银奶"不敢怠慢，乖乖地蹲下来，一个一个拾起地上的铜板，也不敢抬头看爸爸的脸。

"孩子啊，要懂得节俭呀！要知道，一分钱逼死英雄汉啊，一元钱会逼死你，最困难时一元钱也可能是救命钱。"本来仰周先生有点儿生气，他的凶脾气差点儿就被点着，看见"银奶"不敢大声说话，又不敢抬头的委屈样，火气消了很多。"你还小，还不知道赚钱的辛苦呀。很多人为了存活，为了赚点生活费，起早贪黑地劳累，需要付出很多的辛苦和汗水，有时候甚至会付出生命的代价。你读了很多的诗书，也应该明白这样的道理了。"

仰周先生历经坎坷，饱尝人情冷暖、世态炎凉，全靠自己的艰苦打拼才得以在地团叶这个举目无亲、无依无靠的小地方立足，赢得了地位和村民们的尊重。虽然现在衣食无忧，生活还算富足，但平日里仰周先生还是十分注重节俭的人，吃穿家用等，都要求自己和家人不能铺张浪费，日常开支都会有清楚的账单记录，从不乱花一分钱。因此，他看到"银奶"花钱如此毫无顾忌，大手大脚，不免很生气。

"'银奶'！"等"银奶"把地上的铜板全都捡起来，老老实实地捧着放回到柜台的盘子里后，仰周先生又轻声地把他叫住了。"银奶"马上停住脚步，不敢再往前走，见爸爸并没有生气，就朝爸爸眨了几下眼睛，等他说话。

"孩子啊，不是爸爸不舍得让你买糖果，我是想让你知道花钱不要大手大脚，也不要自己偷偷地去拿家里的钱，这样的习惯如果养成了，你就会觉得这是理所当然的，就不会再用心去体会生活的艰苦了，也不会珍惜我们用汗水换来的财富。"仰周先生把"银奶"拉过来，让他站到自己身边。他蹲下来，扶着"银奶"的肩头，看着他，说："有两副对联说得很好，你要记住了！第一

副对联是：

富贵如龙，游尽五湖四海

贫穷似虎，惊散九族六亲

意思是一个人有钱有地位，就会像一条龙一样，自由自在，游尽五湖四海，所以富贵很重要；一个人穷了就会像老虎一样，亲戚朋友见了都害怕，认为他是来揩油的，躲避都来不及。所以，你要懂得节俭过日子呀，我们南家积攒一些家业也很不容易。钱财虽然是要花的，但要花到刀刃上，还要留下备用的。"

"嗯。""银奶"使劲儿点点头，大眼睛又眨了几下，好像会说话一样。仰周先生用手捏了捏他的肩膀，"银奶"觉得有点儿疼，但是也有点儿说不出来的舒服。

"另一副对联是：

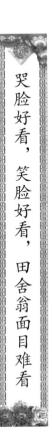

打我不痛，骂我不痛，穷措大肝肠最痛

哭脸好看，笑脸好看，田舍翁面目难看

(穷措大，指穷小子；田舍翁，指有钱人。)记住了吗?"仰周先生又捏了捏"银奶"的肩膀，注视着他。

"嗯，记住了，爸爸。""银奶"朝爸爸露出牙齿，微微一笑，"爸爸，我知道不该胡乱花钱了。"

仰周先生把"银奶"搂在怀里。"银奶"靠在他的身上，心里默默地重复着父亲说过的对联。

除了《朱子治家格言》，仰周先生还有一种特殊的教育方法——"功过格"。他在书房里贴了一张纸，画一

百个或三十个同等大小的格子，这些格子就是"功过格"。

"功过格"是古代道士记录自己"善恶功过"的一种簿册子。善言善行为"功"，用笔在"功格"里做记录；恶言恶行为"过"，在"过格"里做记录。一个月后，对比"功"和"过"的数量，自我反省。也有做"日录"的，就是每天做对比，检查和反省自己的行为功过，一般道士们用的"功过格"中"立功格"为 36 条，"过律格"为 39 条。

仰周先生要求"银奶"每天睡前读完书后，想一想今天有没有犯错误，如果有，就拿黑笔在格子里点个"黑点"；再想一想有没有做好事，比如帮助同学和邻居，或者送糖果给没有糖吃的小朋友，如果有，就拿红笔在格子里点个"红点"。就这样，"银奶"每天都要对自己的行为进行自我检视和反省，一张"功过格"填满了，新的一张"功过格"就又来了。仰周先生根据"功过格"的红黑比例，给予他相应的奖惩，不断地督促着"银奶"按照儒家做人做事的标准来完善自己的行为和人格。

"银奶"天资聪明，又很刻苦地读书，对书本里的文章道理都理解得很透彻，再加上内心善良，经常会做一些帮助别人的好事，时常受到邻里和村民们的称赞，这些都会传到父亲仰周先生的耳朵里。当然，对于好动又调皮的"银奶"来说，也经常会有一些童心无忌的小过失，偶尔跟同学、伙伴们闹些小纠纷，同样也会传到仰周先生的耳朵里。不过，仰周先生不会在"银奶"回家后马上质问他，而是默默地关注"银奶"的"功过格"。

调皮好动是小孩子的天性，偶尔因为玩得兴起，不会考虑到那么多规矩。有几次，"银奶"和同学摔了跤，不小心把同学绊倒，当时还很得意。等晚上回到家后，面对爸爸贴在墙上的"功过格"时，他仔细回想一天中发生过的事情，并把这些别人因为自己的"过失"而受到了"伤害"的事情，看作自己的错误，用黑笔记录到格子里面。他从来没有把自己认为是犯了过错的事情不做记录，也不会为了得到爸爸的表扬和奖励而故意多记录"红点"。"功过格"这个督促自己修身养性的方法，是数百年来民间教育的传统。明代的袁了凡先生也用这个方法，要求后代子孙审视自己的所作所为。他认为这是一个简单易行的反省手法。"银奶"通过爸爸要求的这种"吾日三省吾身"的传统教育方法，很早就懂得要实事求是。他经常观察自己的内心，区分善恶的言论和行为，逐渐养成了不断努力进取和自我督促的习惯。

第八章
体弱少年偷习武

时间过得很快，村里几年前栽种的小树长高了很多，也粗壮了很多。那些枝叶繁茂的树木，成了村里孩子们最好的玩伴。地团叶每个有大树的地方，"银奶"和小伙伴们都跑过无数次，他们银铃般的嬉笑声和风一样追逐的身影遍布整个村子。

"银奶"已经十岁了，个子长高了很多。虽然还是很清瘦，而且与他有着浓眉大眼的脸庞看起来不大相衬，但是他穿着干净利落，读书时文静优雅，行动时敏捷灵活，已然是一个初显帅气的少年了。

"银奶"本来就活泼好动，聪明伶俐，忽闪忽闪的眼睛总在观察着身边的每一处花草树木以及人和动物。只要一有空闲，他就会到处玩，尤其喜欢在早晨或者晚上

第八章　体弱少年偷习武

第八章 跟随林伯伯习武

去看村里练武的人练功夫。

"哼！""哈！""嘿！"

看着会武功的人们一招一式都迅猛有力，喝叫声干脆响亮，"银奶"也会站在一旁跟着模仿和比画几下。

童年的时光很快乐，不过，"银奶"的快乐总是比同龄的伙伴少一些。因为三天两头就会生一场病，当同伴们在街道上飞跑玩耍或者从院外喊他一起玩的时候，他总是躺在病床上。他不得不卧床吃药，小伙伴们都说他要变成"药罐子"了。

"妈妈，我怎么总是生病呀？""银奶"童年最幸福的事情，莫过于躺在妈妈温暖的怀里。从小他就跟妈妈睡在一张床上。妈妈的疼爱有加，让生病的"银奶"总算能打起一点儿精神来。

"大一些就会好的，你天生就体质比较弱，妈妈也盼着你早点健壮起来。多吃点饭菜，营养丰富了就会好的。"妈妈抚摸着他的额头，心疼地说。

"可是，我已经长大了呀！""银奶"靠在妈妈身上，"对了，妈妈，我已经长大了，也不再吃奶了，以后别再叫我'银奶'了，同学们总是笑话我，他们都叫我'常泰'。"

"好，'常泰'就'常泰'，'常泰'是我们'银奶'的大

名，以后我们'银奶'就是大人了，再过几年就要娶媳妇了。"银奶"的妈妈眯起眼睛，看着病床上的儿子。

"您怎么还'银奶''银奶'的呀？叫'常泰'。"常泰假装不理妈妈。

"好，我们'常泰'长大了，以后要做大学问家了。"妈妈又给常泰喂了一些药。

"妈妈，我想做一个功夫武侠，武功高强，扶弱救贫，行侠仗义！还能打强盗和外寇！"常泰想坐起来，妈妈没让他动，他只好乖乖地躺下，瞪圆了眼睛。

常泰非常喜欢武功，他总说要做武侠，可是父亲和母亲谁也没往心里去。父亲仰周先生还是每天让他读书背诗，一丝一毫也没有松懈，他希望常泰以后做一个文雅、受人尊敬又爱读书的生意人。

在私塾学习几年后，常泰已经把四书五经背得滚瓜烂熟了。诗词歌赋张口就来，讲起道理也头头是道，滔滔不绝。仰周先生没有注意到的是，常泰经常痴迷地看一些武侠书，有武侠小说，也有武术画册，都是他偷偷托人从上海帮忙买回来的。

他一个人待在书房里时，只要一做完爸爸安排的功课，就会兴奋地翻开武侠书。趁家里没人，他照着书上的图画，一招一式地依葫芦画瓢，练得有模有样，就是不敢发出一点儿声响。

有一天，常泰读完了书，就想照着武侠书上的一张图画练功夫。他顺着柱子爬上房梁，想倒挂在房梁上。他把两条腿倒转过来，用脚勾住房梁，大头朝下垂吊下来，像一只蝙蝠倒挂在房梁上。还没支撑一会儿，他就感觉气力不够了，本想再爬上房梁，可是怎么也没有力气伸手够到房梁，就在此时，勾住房梁的腿一软，脚松开了房梁！"咣当"一下后背着地摔到地上，发出很大的响声。他顿时感觉眼前金光乱闪，头又昏又涨，还有点儿疼，后背像针刺了一样地疼。他本想爬起来，可是好像一点儿力气也没有了，根本就动不了，也喊不出声来，就晕乎乎地躺在地上。

"天哪！"仰周先生在楼下，听见这声巨响，吓了一大跳，不知道发生了什么事，赶忙跑上楼去查看。

"哎呀，常泰，出什么事了啊？"他看见常泰直挺挺地摔在地上，一动也不动，叫也叫不出来，只是不停地流眼泪。听见爸爸上来，常泰才微微睁开眼睛，看着爸爸，本以为爸爸会马上把他扶起来，可是仰周先生只是拉了一把椅子，坐了下来，静静地看着他，没有教训他，也没有问他话。

常泰躺了好一会儿，才感觉脑袋清醒了很多。他努

力动了一下，这一动，感觉身上还很疼。"哎哟！"他一咧嘴，又有几颗泪珠从眼睛里滚了出来。

看他动了一下，仰周先生才伸出一只手轻轻拉着他，另一只手托住他的身子，把他拉起来。常泰站了起来，又弯腰揉了揉有点儿疼的腿，龇牙咧嘴，不敢说话。

"你这是怎么啦？是不是从房梁上掉下来了？"仰周先生关切地问，抬头看看房梁。

"嗯。"常泰紧盯着爸爸，不敢大声说话，只好实话实说，"我，我只是想学着练练武功。"

"刚开始练武功怎么能爬到房梁上去呢？从上面掉下来，可能会摔断胳膊和腿，一不小心甚至还会出人命的！"仰周先生没有训斥常泰，但是表情很严肃。他抬头看看房梁，说："这么高，要是头先着地就麻烦了，今后可不要再爬上去练什么功夫了。"

仰周先生边说，边翻看了桌子上的武侠书，又痛惜又爱怜地说："要练武功，不是这样练的，光照着书上的图比画是学不会的。要从基本功开始，一招一式，一拳一脚，都要认真地从头练起！"

说完，他解开长袍，放到椅子上，快速有力地打了一套拳，亲自示范给常泰看。

常泰睁大了眼睛，眨都不眨一下，简直惊呆了。真没想到，原来爸爸的武功如此厉害！拳法打得这么好，呼呼带风，和村里的功夫高手相比，一点儿都不差！自己竟然一点儿也不知道！真是现成的师父不拜，却跟着画册学起花拳绣腿来。

"想学武功也是好事情，既能强身健体，也能保家卫国。不过，不要再做那样危险的事了。"仰周先生又抬头看看房梁，担心地看着儿子。

"嗯，爸爸，我知道了，我再也不敢爬上去练功了。"常泰终于恢复了调皮又活泼的表情。不过，他还是很不解，为什么爸爸上楼看见自己摔在地上后，没有直接把他拉起来。

看见常泰疑惑的眼神，仰周先生猜到了儿子的想法，说："你是不是怪爸爸上来后没有马上把你扶起来？"

常泰没有回答，只是眨着眼睛看着父亲，他知道，父亲一定有他的道理。

"孩子，你不知道，要是人跌倒了，尤其是老年人和小孩子，没有哭出来或者出声，千万不要去抱，也不要扶他，跌倒马上就去扶很容易受伤的。一定要冷静，知道他伤到了哪儿，能不能扶，才可以伸手去扶。如果是筋骨断了或者更严重的情况，贸然扶起来，没准会送

命的。"仰周先生这才把常泰拉过来，仔细检查了常泰的身体，有几处已经瘀青了，碰一下，常泰就会"哎哟"地咧一下嘴巴。确认筋骨没有问题后，他才放心地去取了药酒，帮助常泰擦伤口。常泰虽然疼得咧嘴，但还是歪头看着爸爸，心里已经非常崇拜这个武功高强的爸爸，不再因为威严而惧怕了。

自从见到爸爸显露了身手，常泰就不时地纠缠着他教自己武功。可是仰周先生从不肯答应，无论怎么样也不肯亲自教授他武功。

这是因为仰周先生信奉中国传统的教育理念"易子而教"——自己的儿女不能自己教，而是要交给别人来教。他知道古语"亲不责善"的意思是亲人之间的亲情大于一切，教的人往往不会因为过错而责备亲人，不会毫无顾忌地管理和教授，学习的人也会有所依赖，不能全心投入学习。仰周先生知道，"易子而教"也是为了防止父子之间因相互责善而影响了亲子关系，从而影响了教育的效果。

仰周先生见儿子习武心切，自己又不能亲自教授，只好找了一个当地的名医来做常泰的武术老师。

这位名医姓林，常泰叫他林伯伯。林伯伯此前从不教授别人武功，平时穿着长袍，在医馆里是文文静静的给人看病把脉的医生，走出医馆后是个走路不急不缓、四平八稳的白面书生，很少有人知道他其实也是一个"武林高手"呢！

一开始，这位林伯伯怎么也不肯教，但在仰周先生三番五次的请求下，只好谦虚地说："那就恭敬不如从命了，只是怕我这些功夫教不好令郎呀！"一看林伯伯答应了，常泰高兴得赶紧鞠躬行礼，林伯伯也高兴地把他扶起来，捏捏他的肩膀，看看他的筋骨，捏的劲头不小，常泰虽然瘦弱，却一点儿也没有退缩，硬是挺直胸膛，透出一股小男子汉的劲头，林伯伯自然是从心底里非常喜欢他了。

林伯伯白天忙着在医馆和村子里治病救人，他答应了常泰晚上来教他武功。每天晚上成了常泰最盼望到来的时刻，一到黄昏，夕阳染红天边、树木、房屋和远处的行人时，他就在大门口东张西望，焦急地等待老师的到来。

就这样，常泰跟着林伯伯学起了武功，从基本功到简单的招式，他都认真地揣摩，反复练习，林伯伯看在眼里，喜在心中。常泰学武的领悟能力非常高，一点就通。他的进步非常快，没过多久，就能行云流水般地打起复杂的套路拳法了。

　　林伯伯也开始觉得教人习武是一件很有意思的事情，下决心要坚持教下去。后来，仰周先生叫上邻里的四五个孩子，陪常泰一起练武，林伯伯也点头答应了。

　　林伯伯是个有远见卓识的人，他虽然教授常泰武功，但更希望常泰能跟着他学医，最好能"悬壶济世"，以高超的医术治病救人，帮助老百姓。

　　"虽然学习武术可以强身健体，但是练武的人毕竟是少数，这是独善其身的方法；而医术是行善惠及众人的技能，因为得病的人很多，需要救治。况且，如今武功再高也抵不住子弹，要想有所成就做个'大人物'，治病救人才是最好的途径。"林伯伯总是耐心地教导常泰，"用范仲淹的话说，叫'不为良相，便为良医'。这是范仲淹年轻时立下的志向，意思是说，如果自己将来做不了一个救世济民的宰相，那就做一个治病救人的好医生。在范仲淹眼里，出将入相跟做一个名医，功德是一样的。"

　　"嗯。"常泰在一旁听着，觉得林伯伯说得有道理，使劲儿点着头。

　　平时没事的时候，林伯伯就叫常泰多读医书。常泰听从了教导，一边习武，一边读《黄帝内经》等古典医学名著，偶尔还到林伯伯的医馆里辨识中草药，看林伯伯开药方，学习了不少医学知识。

第八章　在医馆辨识中草药

第九章
仗剑需交天下士

在常泰小的时候，父亲仰周先生就告诫过他：

"仗剑需交天下士，黄金多买百城书。"

意思是大丈夫顶天立地，要广交天下朋友，多交有知识、有本领、有道德的朋友；有钱了，要多买书，多读书。

常泰从小就博览群书，比如《资治通鉴》，几年工夫，他就已经圈点过三次了。古书上没有标点，他一边读一边圈点，每读一遍都用不同颜色的笔做标记，遇到不懂的地方就请教老师，读得多了最后都能背下来。开始时，读书只是读，像朗诵一样，大声念出来，或者干

脆唱出来。一本书圈点过了，再这样读下来，印象就会特别深刻。他在书房里读书，大声诵读，读了三遍以后就不看书，开始唱了。放学的时候，和同学们一边唱着古诗词，一边你打我一拳，我打你一拳，嬉笑玩闹，背诵诗文也成了玩耍的一部分了。经过反复的读书训练，常泰的记忆力十分惊人，就算《资治通鉴》这种厚厚的古书也是信手拈来，甚至某段文字在哪一页、哪一段，他都记得很清楚。

常泰刚去私塾读书的时候才六岁，是私塾里年龄最小、身体最瘦弱的学生，个子不高，还很调皮，喜欢跟同学们嬉闹。下课休息时，还要跑回家吸吮几口妈妈的奶水，因此，经常会受到同学的嘲笑和欺负。常泰常常噘着嘴巴，擦着眼泪和鼻涕走在回家的路上。他常常吃亏、受委屈，有时流了很多眼泪，打湿了衣襟，但是没过多久又去找人家玩。小孩子的世界天真无邪，谁也不会真正地记仇，闹了一点儿别扭，一转眼的工夫就和好了。慢慢地，常泰和同学们越来越熟悉，他学业认真，四书五经背得滚瓜烂熟，也经常受到先生的表扬，大家都很羡慕他，一下课，就围着他，边打闹，边诵读着诗文走出私塾。

常泰有一个伙伴，名叫叶也青。他俩同在一所私塾里念书，是十分要好的玩伴。叶也青的爸爸是"地主"，家里有很多田地，对儿子也非常宠爱。他们两人经常带着零食去私塾。常泰喜欢吃花生米，叶也青喜欢吃饼，他们俩常常换着吃，两个人你看看我，我看看你，吃得津津有味。他们在一起时总是很快乐。

　　叶也青很老实，不太爱说话，也不爱动，不像常泰那样调皮，嘴皮子又很厉害。他学习四书五经等古文，只是按照先生的要求背诵朗读，虽然背得也很熟练，却往往不知道文章的意思。常泰则正好相反，他一定要逐字逐句推敲，弄明白才肯罢休。因此，他们在一起的时候，常泰经常滔滔不绝地讲，叶也青总会眨着大眼睛，歪着脑袋瓜，全神贯注地听。常泰一讲笑话，就会把他逗得哈哈大笑，又是踢脚丫，又是拍手掌，有时甚至笑到肚子疼。常泰喜欢出对联给叶也青，叶也青对不出来，常泰就批评他，后来，弄得叶也青一看到对联就头痛。

　　常泰开始练习武术后，更加喜欢在叶也青面前表演一番，南北拳打得呼呼有风，生龙活虎。叶也青不喜欢练武术，却愿意做一个好观众，经常会给常泰拍掌鼓励。这时常泰就会朝他做个鬼脸，一副很神气的样子。

　　有一次，常泰在和伙伴们闲逛，逛进了一个寺庙。

他当时已经学过一些关于诗词歌赋的知识，而且对这些有自己的见解。当他看到寺庙的"门对"时，觉得其中有的字用得不好，他想出了替代的字，就去向住持说明。住持听后，觉得确实很有道理，看见提出建议的是一个这么小的孩子，就觉得这个小孩了不得，很有悟性，要是能再加以辅导，日后定会有所成就。于是，住持将常泰收入门下，还教了他一段时间的武功。常泰经常溜去寺庙，跟住持练武读书。叶也青知道这件事后从来没有对别人说过，一直替常泰保守着这个秘密。

常泰十一岁时，被父亲仰周先生送到县第一小学上学。他从小上的是私塾，读过四书五经和许多其他古书，但对现代教育的算术、化学、卫生等科目的知识，却从来没有接触过。

20 世纪 20 年代的中国，虽然距清朝被推翻已有十多年了，但文化和教育观念还是处于新旧交替、掺杂的时期，孩子的教育缺乏统一的指导，每个地方的教育情况都不一样，各种形式并存着。

常泰上小学之前，连年不断的战争也影响到浙江一带，但温州并没有受到太多的波及。可是这样的动乱，影响到了当地的教育。乐清地处偏僻，现代教育观念和形式才刚刚引进，还没来得及普及，整个县城只有几所小学，最好的就是第一小学。县里、乡镇里，凡是开明一点儿的家庭，都把自家的孩子送往第一小学。所以上第一小学在当地是一件了不起的大事，也是一件很新潮的事。在那里毕业的学生相当于过去的秀才了。

仰周先生在教育上从不含糊，于是想方设法把常泰送到县第一小学，插班读六年级。

第一小学主要是为县城里的孩子办的，所以不能寄宿，每天上学放学，校门口挤满了接送孩子的家长。因为家里没有人可以在县城陪常泰读书，仰周先生只好拜托城里一位姓林的朋友，让常泰借住在他家。

林家在县城经营一家颇具特色的小面馆，生意不错，家境也挺好。这位姓林的朋友与仰周先生相识已经很久，也是热心肠又很仗义的人，仰周先生很客气地请求他，他马上就答应了。

常泰在第一小学的时光是很开心的。换了一个新的环境，结交了一些新的朋友，又学了很多新的课程，就连老师授课的方法都跟私塾大不相同，他觉得什么都新鲜，什么都很有趣，这更加激发了常泰的求知欲。他把每天都安排得满满当当，读书、习武、交友，一样也不落下。

唯独令常泰郁闷的是，在学校里属他的个子最矮，

老师把他的座位安排在第一排，排队时让他排最后一个，再加上他从乡下来，说话有些土气，有些习惯也跟县城里的孩子不一样，因此常常受到其他同学的欺侮和嘲讽。虽然他从小学过武术，但从没有对谁施展过功夫，也从不记恨欺负过他的同学，更不会动手报复。

　　仰周先生的这位姓林的朋友，他的独生子也在第一小学念书，叫林梦凡，脾气性格都很好。几天下来，常泰和林梦凡成了亲密无间的好朋友。林梦凡的妈妈对常泰也非常好，就像对待自己的儿子一样，有林梦凡吃的、用的，就有常泰的一份。两个小伙伴同吃同睡，一起上学放学，形影不离，情同兄弟，自此结下了深厚的情谊。

第九章　仗剑需交天下士

第十章
遭遇抢劫家境变

　　快乐又充实的时光，总是过得很快。一转眼，常泰来县城读书已经半年了，在林家借宿也有半年了。虽然在县城的学校里学到了很多原来在私塾里没有接触到的新知识，也认识了新同学，结交了好朋友，与林梦凡形影不离，无话不说，但是对从小就一直跟妈妈睡在一张床上的常泰来说，他非常想家，尤其想念妈妈。妈妈常常会让人捎话来，顺便给他带一些爱吃的东西和干净的衣物，常泰也常常托人捎信给妈妈，可是，不管怎样，他还是盼着回家，待在妈妈身边。为了这件事，林梦凡还捂着嘴笑过他，常泰假装生气并反击他："你是没离开过妈妈，不知道这是什么滋味。"林梦凡只好安慰他，说就快放假了，到时候可以回家看妈妈了。林梦凡的妈

妈经常像他自己的妈妈一样给他做好吃的，常泰才感觉心里舒服了很多，他也喜欢给林妈妈打打下手，干点小家务。

来到县城以后，没有了老师指点习武，常泰就自己坚持把已经学会的拳法练熟。他经常带着林梦凡一起练武，林梦凡在一边看，他在一边练，打到精彩的地方，林梦凡就会鼓掌叫好，常泰则更加得意，上蹿下跳地演练起来。这半年来，虽然常泰的身体还很瘦小，但是已经不像在家的时候频繁地生病了。偶尔他生了病，吃点药就好了，他很担心万一生了重病，就得缺课。虽然他对新科目很感兴趣，也非常用功地学习，但是因为没有扎实的基础，学起来还是比较吃力。每次考试的成绩都很糟糕，已经不像在私塾里那样，轻松自如地就能学好了。这让常泰有点儿苦恼，越是苦恼，越是捧着书本看不进去，只好出去打拳。只有练起武功来，他才感觉自己像换了一个人一样，生龙活虎，神采奕奕。因此，他经常握着拳头，想着，有一天能有机会去寻找名师，去拜师学艺，等学到高超的武功，就可以做真正的武侠了。他在县城里，见识也比在村子里多了很多，无论国家大事，还是军阀战争、外寇侵略等，都更加激发了他行侠仗义的决心，心里总像憋着一股劲儿一样，一听到有人议论国家形势，他就会很感兴趣地凑过去侧耳倾听，并记在心里。

本来，常泰一心想练好功夫，做一个正义的侠客，帮助苦难的人，打击海盗和外寇。没想到南家竟然意外地遭到了海盗劫掠。这使南家发生了巨大的转折，仰周先生辛辛苦苦打拼积累下的家业，差点儿一夜之间被劫个精光，好在常泰在这次遭难中幸运地躲了过去。

事情的经过是这样的。

常泰在县城里的小学读了半年，学期已经结束，学校开始放寒假了，学生们都准备回家过年了。归心似箭的常泰早就盼着这一天了，一放假，他就提前给林家人拜了年，告别他们，兴冲冲地往家里赶。一进家门，就大喊："妈妈，妈妈！奶奶，奶奶！爸爸，爸爸！我回来了。"

"是常泰回来了！"

"是常泰回来了！"

常泰的爸爸妈妈和南家男女老少都跑了出来，把常泰围在中间。

"我们常泰长高了！"

"可不是，也壮实了很多呢！"

常泰一一向大家问好，奶奶和妈妈就一边一个，拉

着他进了屋子，拿出早已准备好的点心小吃和水果，常泰开心地吃呀，笑呀，回家的感觉真好！

春节快要到了，农村里的家家户户不管庄稼的收成好与坏，收入多与少，也不管时局多么混乱，辛苦劳累了一年，一家人总要热热闹闹、开开心心地吃顿团圆饭。一进村子，就能看见人们忙忙碌碌，买东西抱柴，打招呼问好，家家炊烟袅袅，热气腾腾，饭菜的香味满街飘，房前屋后更是打扫得干干净净，张贴着喜庆的年饰，年味十足。

春节一到，从农历正月初一到正月十五元宵节，村子里天天鸣放鞭炮，遍地通红，人们走亲访友，招待客人，忙得不亦乐乎。本来单是过年就够热闹的了，今年，恰好又赶上常泰的祖母六十大寿。仰周先生是个大孝子，在远近邻里也有一定的威望，打算为母亲过个生日，做个大寿，热热闹闹地操办一下。所以，南家天天都要开十几桌的酒席，宴请亲朋好友、左邻右舍和乡里乡亲。

仰周先生在村里本来人缘就不错，加上他刚刚又捐资为村里修建了一个陡门，更是受四邻乡人的敬重，因此前来祝寿的人特别多，其中来"蹭饭"的人也不少。就这样，声势浩大、热火朝天的宴席一直持续到正月十五元宵节。

生日宴好不容易才结束，一家人开始收拾杂乱的家务。南家上下人困马乏，正打算好好休息一下。这时候，距离常泰开学的日子还有好几天。可是，宴会结束后的第二天一大早，常泰突然从梦中惊醒，呆呆地在床上坐了好一会儿，也不说话，不知道在思索着什么。早饭时，他突然向家里宣布："我要走！不能待在家里了！我要上学去！"

常泰的态度异常坚决果断。

"为什么要这么早去上学呀？离开学不是还有好几天吗？现在不能去！"祖母说道。

"我要补补功课。"常泰很认真地看着家里人。

"再待上几天吧，这些天家里光是忙着操办宴席了，都没好好和你说说话呢。"祖母舍不得让他这么早就回县城里去。

"是啊，出门事事难，又是借住到人家家里，还是在家里再住几天吧。"常泰的妈妈一听儿子要走，眼睛早就红红的了，只要稍微使劲儿眨巴几下，眼泪就要流下来了。

"不，我要走，我要把功课赶一赶，奶奶，妈妈，等放了假，我就回来了。"常泰说完，便开始收拾东西，

看来谁也拦不住他了。

"哎，何必这么着急呢?"尽管祖母再三劝阻，也没拦住执意要走的孙子。父亲仰周先生一直没吭声，他也不想让儿子早回去，不过，最近一段时间忙着给母亲做寿，忙前忙后，招待客人，劳累得很，也没有心思管他了，就发话同意让他走:"实在要走也可以，你自己一个人去吧。过段时间，爸爸进城去看你。"

"嗯，您放心吧，我都长大了，我还会功夫，准保没事的。"常泰弯弯胳膊，让家里人看看胳膊上的肌肉，又比画了几下拳脚，一家人虽然舍不得，但眼看留不住他，也就依了他。

就这样，常泰一心只想赶紧离开家到县城里去，没人送也不在乎，他心里也没有想清楚，自己为什么这么着急，补习功课对他来说，更像是一个借口。

他收拾好行李就上路了。一个十来岁的小孩子独自步行几个钟头进了县城，他还是住在林家。

常泰给林家的大人拜了晚年，送上父亲仰周先生让他带来的礼物，放下行李，就和林梦凡到城里逛街去了。两个小伙伴分开了好些天，一见面自然很亲近。这个时候，城里的年味已经渐渐淡了，不过他们依然玩得十分开心，一路蹦跳着，手拉着手，说说笑笑，一直到晚上天快黑了，才回家吃饭。林妈妈早已准备好了丰盛的饭菜等着他们回来。晚上，常泰和林梦凡又聊到很晚才睡着，直到第二天上午，太阳晒屁股了才起床。

没想到，刚起床不久，就有人大声地敲林家的门。林梦凡的爸爸打开门一看，原来是仰周先生从家里派来的佣人。

"不好了，不好了，少爷，家里发生大事了，你得回家去看看。"来人急匆匆地说。

"怎么回事？别着急，慢慢说。"林家人和常泰都大吃一惊，齐齐围过来，林妈妈给来人倒了一杯水，让他喘口气，慢慢说话。

"是这样的，少爷，昨天夜里，咱们家被海盗给抢劫了！"来人把昨晚南家发生的灾难细细说了一遍，常泰一听，吓出一身冷汗，怔怔地站立不动，一句话也说不出来。

"家人都好吧？老太太和南先生夫妇都好吧？"林爸爸着急地拉住佣人的手。

"家人还好，就是，就是家产被劫了很多。"佣人噘起嘴巴，很难过。他这才想起来，塞给常泰一张纸，叫他到县里报案。常泰这时候才清醒过来，打开一看，原来是父亲仰周先生写的状纸。林父赶忙带着常泰到县衙

报了案，县里的官差接了状纸，说会尽快处理，让他们先回去等候。

"林伯伯，我得回家去看看。"从县衙回来，佣人立即赶回地团叶去了，常泰也待不住了。

"好吧。是该回去看看，免得家里人不放心，刚好也看看家人都还好不。这样，我送你回去。"林爸爸怕常泰一个人回家不安全，也想看望一下受到惊扰的老朋友仰周先生和他的家人，便亲自带着常泰回到乡下的南家去看个究竟。

刚到了乡里，远远地就看到南家门口围了一大圈人，这些人七嘴八舌，议论纷纷。进了家门，只见锅碗瓢盆散落一地，柜子桌椅倒的倒，散架的散架，还有一些衣服杂物被扔在地上，房顶上挂着的大红灯笼也被戳破了，咧着个大口子。常泰长这么大第一次遭遇这样的事情，看到这样惨乱的景象，一时间不知道该怎么办，呆立在一旁，说不出话来。

看见好朋友林先生带着自己的独生子出现在家门口，原本一脸颓丧的仰周先生和妻子赵氏这才稍微显得有些欣慰。

仰周先生赶忙招呼林先生坐下，把儿子常泰叫到身边，慢慢地说了一遍事情的来龙去脉。

　　经过这么多天为母亲办寿宴的热闹嘈杂，昨天晚上南家人好不容易把家里收拾妥当，疲倦的一大家子人都早早地歇息了。

　　没想到睡到半夜时分，突然传来一阵打砸门窗的声音，仰周先生一下子从睡梦中惊醒，发现情况不对劲，预感到不好的事情要发生。

　　仰周先生经营的杂货店，前面是门脸，后面是住屋。他侧耳细听辨认，声音是从杂货店那儿传过来的。他马上做出判断，很可能是海盗来打劫了。

　　他赶紧把家人都叫醒，让大家不要管家里的东西，赶紧逃跑，自己光着脚先从后门跑出去求援搬救兵。家里一阵慌乱，有些人还迷迷糊糊的，不知道发生了什么事情。

　　这时候，门就被撬开了，一群拿着刀枪的人冲进里屋来。赵氏急中生智，把戒指耳环摘下来，拱手交给带头的海盗："家里的主人都跑掉了，我是他家的佣人。这是主人的首饰，都给你们，饶过我们吧。"赵氏平时就很朴素，穿着本就不怎么讲究，也不爱打扮，夜里又看得不是十分真切，海盗便信以为真，放过了她。

　　海盗们开始肆无忌惮地翻箱倒柜，把家里和店里值钱的、能带走的东西席卷一空。临走时，一个海盗看到

厅堂里的大红灯笼还亮着，就顺手用枪把它扎破一个大口子，才满意地走了。

不幸中的万幸是，海盗们意在打劫钱财，并没有想恶意伤人，抢劫时赵氏和佣人们都没有抵抗，所以也没有人伤亡。等到仰周先生带着一群村里的人赶回来时，那帮海盗早已不知踪影，消失在茫茫的夜色之中。

"别发愁了，没有伤到人就好，一切从头再来吧。破了财消了灾，福祸相依的，不要看得太重了。"林父安慰着仰周先生和赵氏。

"哎，也只有这样了。"仰周先生握着拳头，一拳重重地打在翻倒的桌子上。

"钱财乃身外之物，我们不怕辛苦，还有能力打拼，慢慢还会好起来的，常泰在县城里读书，一切就由我来照顾，你们放心好了。"林梦凡的父亲再次宽慰道。

"谢谢老兄的关照，孩子您就多费心了，拜托了。"仰周先生紧紧握住林先生的手。

"不要这么说，我们是朋友，也是兄弟，有难同当。"两个人将肩膀靠在一起。

遭受海盗的这次洗劫，仰周先生的财产损失极为惨重，辛苦半辈子的心血几乎全部付诸东流了，但好在全家人的性命都保住了。仰周先生天性开朗豁达，深信

"留得青山在，不怕没柴烧"。最令他宽慰的是，南家的独苗，自己的孩子竟然神奇地逃过这一劫，毫发无伤地出现在他面前。

父亲仰周先生详细地说了事情的经过，常泰听得心惊肉跳又感到深深的自责，尤其一想到自己身为南家的独子，如果当时在家中，恐怕会遭到不幸或者会遭到海盗的绑架勒索。幸好一个莫名其妙的念头让自己避过这场祸端，现在想想，也很后怕，这大概是天意吧。另外，家里有难，作为家里传接香火的男人，自己既不能帮上忙，又不能保护好家人，真是没用。

仰周先生不想让常泰过多操心家里的事情，怕他受到太大的影响，耽误了学业，就托林先生再继续把他带到县城里等待开学。

从这个事件上，常泰悟出：如果不是因为爸爸大肆操办祖母的六十大寿，可能也不会招来海盗。看来，做事情不能太张扬呀！

尽管神奇地躲过一劫，但常泰深受影响，这件事一直记在心里，无法忘记，偶尔也会做个噩梦，梦见这场抢劫，以致从梦中惊醒，腾地坐起来，挥舞着手臂大喊："打强盗了！救命啊！"

从那以后，常泰更是暗暗下定决心，一定要学好本

领，练好武功，希望有机会能够保家卫国。他又想起来爸爸曾经训示的话，"要知道节俭，不要大手大脚！"

他默默地背起爸爸让他牢记的《朱子治家格言》，在他心中，总有一张"功过格"，随时检查自己，不喜欢张扬，也不敢再肆意炫耀和自鸣得意了。

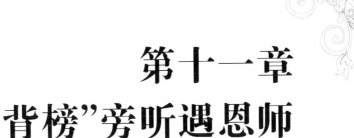

第十一章
"背榜"旁听遇恩师

　　在乐清县城第一小学做了插班生，常泰接触到很多新鲜事物，也学到了很多新知识。虽然他很努力地去学习和掌握这些新知识，但是毕竟在私塾里打下的基础和县城里的小学课程难度无法相比，又不是从头学起，而是直接插班读六年级的，因此，常泰的考试成绩总是排在最后。常泰十三岁时小学肄业，毕业考试他考了倒数第一名——那时候叫"背榜"，最终他没有拿到小学毕业证书。

　　这样的结果，让仰周先生有点儿失望，常泰心里也很不舒服。接下来怎么办呢？按理说应该接着去上中学，但乐清县那个时候没有中学，要想上中学就只能到温州市区。

可是要供养一个中学生并不是一件轻松的事。当时社会时局动乱，各地总有战争发生，又有一些年份出现自然灾害，各行业经济都比较萧条，人们都在为养家糊口而奔走，身心疲惫不堪。农村的孩子要去大城市上学的费用更不是一般家庭所能承受的，更何况南家先前还遭遇海盗的洗劫，度日都很艰难。

在万般无奈之下，仰周先生想让常泰跟着当地一位远近闻名的木雕艺人学手艺。在仰周先生看来，"天下无如吃饭难"，只要有手艺就有饭吃。"去学一门手艺吧，有一技之长，总能养活自己的。"

"不，爸爸，我不想学木雕，我不想靠这个吃饭。"常泰心想，如果只是学着玩玩，倒是很乐意，但要是作为吃饭糊口的手艺，他才不愿意一辈子干这种事呢，于是坚决不学。

"现在这时候，不能去读书，又不去学手艺，那以后怎么办呢？"仰周先生板着脸看着常泰，也暂时想不出更好的办法。不过，看着父亲发愁的表情，常泰噘起嘴巴，挤出了几滴眼泪，心中觉得着实委屈，又确实不想一辈子去做一个木雕艺人。

"好了，别强迫孩子了，他年纪还小，过两年再说吧。"妈妈赵氏帮着常泰说话。

过了几日，仰周先生还是愁眉不展，想到自己从小学徒经商的经历，就决定让常泰走自己的路。于是，他就叫常泰去学做生意，想让他到隔壁人家商店里当学徒。"去学学做生意吧，跑南闯北，如果踏实诚信，不怕吃苦，也总是能养活一家人的。"

"爸爸，我不想学做生意。"常泰听到父亲让自己去当学徒学做生意，使劲儿地摇头，眼泪也止不住地流了下来。常泰虽然年纪还小，不能自主选择自己的前途，也不知道自己长大后究竟会做什么事情，但是潜意识里他觉得这不是他想要的职业和人生，也许，相比较而言，做一个武侠比做艺人和商人更适合自己，但是这些心里话他没敢说给父亲仰周先生听。

仰周先生本想再劝儿子几句，看见他擦着眼泪的样子，话到嘴边还是没有说出来。

又过了两天，看见常泰活蹦乱跳地跑来跑去，不再为学徒的事不高兴了，仰周先生还是想再劝劝儿子，去学点东西，这样无所事事，时间都浪费了。一天吃过早饭后，他又叫住儿子："常泰，爸爸还是想让你去学学做生意，虽然吃点苦，总是一条谋生的出路呀！"

"爸爸，"常泰本想告诉仰周先生自己还是不想去当什么学徒，话还没说完，眼泪就又流出来了，抽噎着，

也说不出话来了。

"你？哎！"仰周先生无奈，只好一跺脚，"不想学做手艺人，又不想去学做生意，你到底想做什么呢？"

常泰只是哭，也不说话。

"你？哎！"仰周先生重重地一拳打在自己的手掌上。

过了几天，仰周先生再一次提起让常泰去当学徒学做生意的事情，常泰还是不说话，只是不停地大声哭，他不敢顶撞父亲，只有用他唯一的武器——眼泪——表示反抗。

"好吧，过段时间再做打算吧。"仰周先生说了三次，常泰大哭了三次，坚决不去学做生意。仰周先生拿他没有办法，只好由他去了。虽然当时家里突然遭到抢劫，一夜之间变得贫穷，但无论如何一个小孩子还是养得起的。仰周先生决定让儿子在家里读书自学，等大一点儿，再劝他去学一门手艺。

1932 年夏天，常泰在温州读中学的表兄王世鹤回来过暑假。王家是当地大户人家，听闻朱味温先生是久负盛名的大师，就决定聘请他来给王世鹤补课。

仰周先生终于想到一个暂时过渡的办法，让常泰既不荒废时光，又可以把学业接上，于是登门拜见王世鹤的父亲请求他们让常泰随表兄一起跟着朱先生读书。王家与南家交情不错，自然也乐意送个顺水人情，就马上答应了。

朱味温先生(榜名朱鹏，字加煊，号味温，出生于温州乐清黄华镇岐头三村)学问很大，十八岁时就读于乐清县城里著名的梅溪书院，师承"东瓯三先生"之一的陈黻宸与当地名士黄鼎瑞。

不过，朱味温先生的经历十分坎坷。年轻时参加科考，官场黑暗，他出身贫寒，自然是落了榜。心怀愤懑的他到处游历讲学，结识了不少名人志士，培养出许多人才。

那个时候的文人都有"经国纬政""学而优则仕"的理想，朱味温先生也不甘心只当个教师，一直在寻找机会从政做官，希望有朝一日能够大展宏图，施展自己的满腹才华，为国为民谋福利。后来，他担任过一个县级小官，还从过军，当过军官。不过在这条道路上，他并没有取得令人骄傲的成就。历经清末和民国，朱味温从教、从政、从戎，阅尽人世沧桑、世事变化，谈论起时政来，针砭时弊，愤世嫉俗，意气万丈。回归故乡后，乡人都把他看作奇人、高人，对他敬重有加。他最大的成就还是诗歌和教育。朱先生酷爱写诗咏诗，自号"诗馋"。

在多年的教学实践中，朱先生总结出一套行之有

效、符合教育规律的教育方法。他重视举一反三，反对死板灌输，喜欢采用赏识激励的方法引导学生。这种教育思想与教育方法，就算是放在现在也是非常先进的。朱先生在上课时全身心投入，肢体语言十分丰富，可以称得上声情并茂，感染力极强，这种方式非常有利于提高学生的学习积极性。

常泰对朱先生的这种教育方式十分敬佩和喜欢，因此，一下子就喜欢上了朱先生。

朱先生不只是给常泰和表兄两人授课，还有其他一起随堂听讲的学生。不过，在听课的学生中，常泰是年龄最小的，也是朱先生最照顾、最喜欢的。常泰特别喜欢听朱先生讲解古诗文。朱先生的"曼声高诵"，或慷慨激昂，或悲天悯人，或娓娓深情。学生们深受感染，都喜欢上了古诗文。常泰因为小时候在私塾里的基础很扎实，早已在父亲仰周先生的严格督促下将四书五经倒背如流，打下了良好的古诗文基础，而且他对古诗文有很强的领悟能力，又有灵性，相比其他学生，常泰开窍很早，因此深得朱先生的喜爱。

有一天，常泰偶然看到朱先生的书桌上摆放着一本吴梅村的诗集，便随手拿起来翻阅，低声吟咏，完全沉浸其中。不知过了多长时间，才从诗中回过神来，发现朱先生正坐在旁边的椅子上看书。他立马把手中的书放回原处，站到老师的旁边，等待训斥。不过，朱先生并没有训斥他，还为他用地道的古韵吟诵了吴梅村的《琴河感旧》：

> "白门杨柳好藏鸦，谁道扁舟荡桨斜。金屋云深吾谷树，玉杯春暖尚湖花。"

朱先生吟诵得抑扬顿挫，那富有磁性的声音令常泰听得入神，连声称赞："先生，您读得真好，真好听！"

见他喜欢，朱先生继续念道：

> "见来学避低团扇，近处疑嗔响钿车。却悔石城吹笛夜，青骢容易别卢家。"

朱先生不紧不慢地吟诵着，一连读了四首，常泰也听得入了神，跟着摇头晃脑，轻声附和着。虽然常泰还不能理解诗中的意思，但能隐约感受到诗歌声韵的美妙。看他一脸痴迷，朱先生也很高兴，就随手将书桌上的一卷清代的名家诗集借给他读。

正是因为朱先生这次不经意的指引，常泰开始诵读清朝名家的诗作。他发现，清代的诗虽然比不上唐诗的

华丽、大气，但是胜在坦然、深刻，独具一格，自成一派。以前私塾的老师教导他，学诗"须先习盛唐，宗法李杜，方为正规，如清初诸家，不可学也"。在读了大量清诗之后，他觉得这种说法好像值得推敲了。从那以后，常泰对清诗情有独钟。

朱先生每天讲解一篇古诗文中有关经史的文章。酷热的长夏假期里，在王家的一个屋子里，常泰看着朱先生上课时的举手投足，天天都仰着头听得入迷，从心底里佩服、敬爱这位老师，暗暗决心要读遍经史子集、诗词歌赋。他再也离不开古诗文了。

可惜的是，暑假很快就结束了，表兄要去上中学了，朱先生的授课也告一段落。虽然常泰在朱先生门下受教的时间很短暂，但他后来一直心怀感恩，牢记这段美好的时光。

从那以后，常泰总盼望朱先生来年暑期还能继续来表兄家传道授业。不幸的是，第二个暑期还没有来到，1933 年 4 月下旬，连续两天咯血的朱先生艰辛地走完生命最后的时光，凄然离世，当时年仅 61 岁。

常泰知道这个噩耗后，伤心地哭了好几天，眼睛都哭肿了，心里暗自发誓要一辈子牢记恩师的教导，怀念跟随朱先生上课的日子。

第十一章 "背榜"旁听遇恩师

第十二章　自修三年住寺庙

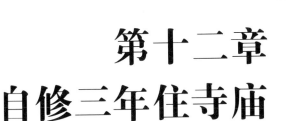

第十二章
自修三年住寺庙

　　常泰小学插班结束后，仰周先生暂时没有条件供他去温州市区读中学，一时也没有更好的选择，只好让常泰先待在家里自己读书，这一待就是整整三年！

　　在这三年里，常泰自己自由安排要读的书，因此，他读书的范围更广了。原本家里就有不少藏书，《资治通鉴》《史记》《文选》《纲鉴易知录》等，还有唐诗、宋词、元曲、清诗等，他都翻出来读了个遍。《红楼梦》《三国演义》《水浒传》以及各类武侠小说，甚至他以前偷偷练功用过的"武功秘籍"之类的"闲书""野书"，他也都想方设法，或借，或买，一定要弄来看。常泰每天都会去村中看那些练武的人练功夫，偷偷模仿学艺，再把自己已经熟练的拳脚功夫反复练习，就这样，生活变得很

充实，很自由，也很快活，他像一条小鱼，游到了广阔的大海里面。

仰周先生对这个独子依然十分严格，在培养和教育的问题上很用心。在这段自修期间，除了一个暑假期间，他把儿子送到回家休假的常泰的表兄家里，跟随学识渊博的朱味温先生学习，他还给儿子请来了一位老师，不定时地对常泰进行辅导。

这位老师名叫叶公恕，他的古文功底非常好，又知道很多现代的学问。叶老师一个月来南家两三次，不仅给常泰讲些诗词曲赋，还讲解一些关于国家时局的事情和见解。常泰知道孙中山和康有为，也大概了解了外国的林肯、华盛顿和卡内基等名人的传奇故事，并被这些故事深深吸引着。他开始寻找这些名人故事来读，每每读到了不起的故事，他就会变得很兴奋，身体好像注入了一股发热的新鲜血液，浑身充满了力量。

虽然请了叶老师帮助在家自修的常泰提高学问，但一向管教严格的仰周先生认为，在家里自修，环境过于优越，人来人往也比较嘈杂，容易分散注意力，让人变得懒散，于是决定把常泰送到家庙里去读书。

南氏家庙叫作井虹寺，建在附近的山上，离家大约有五六里地，庙内安放南氏祖先的牌位，每一代要选派一人看管。家庙平日里冷冷清清，很少有人去。只有逢年过节或婚丧嫁娶的时候，才会有南家的后代到庙里去祭拜祖先。

仰周先生把常泰送到家庙读书，让他每三天回家一趟，将祖母给他做好的食物装到篮子里，自己提到庙里。吃完之后，再回家拿。

按照常理，一个十四五岁的少年，而且是家里的独子，任何家庭都不舍得让他一人住在偏僻的家庙里，无人陪伴，既孤单又寂寞地艰苦读书的。

仰周先生之所以十分推崇这座家庙，并狠心地把自己的宝贝独生子"流放"到这里自修读书，并不是没有原因的。南氏的家庙始建于宋朝，已经有几百年的历史了，其间曾出过许多德高望重的高僧，里面还保留着一位高僧撰写的对联：

有几天缘分，便住几天

得一日粮斋，且过一日

这副对联显现出高僧的洒脱境界。

如果一个人能拥有这么豁达的心境，那么他对自己一辈子的生活经历和心态都能处理得非常妥当。仰周先生一定是看上了家庙里这股从古至今延续下来的典雅气氛，认为这里正好适合一个少年静心成长，磨炼性情，才决定让常泰来这里自修。

家庙位于山上，环境自然是非常好的。庙里古香古色，宽敞朴素，一片幽静，青松古柏交相掩映；庙外有清澈的溪流、烂漫的山花，还有美丽的翡翠鸟飞来飞去，不时鸣叫。但是对于一个少年来说，这样的环境多少有些过于孤寂了，甚至在夜深人静的时候，鸟兽的叫声也会让人担惊受怕。常泰很快就适应了在这里看书练武的生活，也不敢违背父亲仰周先生的意愿，但是内心总想起以前的事情，比如在小学插班时的时光，还有和表兄一起学习的日子，受到朱先生指点的情景等。这也让他更加渴望有朝一日能够到更广阔的天地里，去接触更多的新鲜事物，包括寻找到学识渊博的老师和武功高超的侠客，向他们拜师学艺。

仰周先生只派来一位又呆又瘸的老和尚到庙里陪常泰。常泰管这位老和尚叫公公。晚上公公独自坐在枯灯前念着经："南无阿弥陀佛，南无阿弥陀佛，南无阿弥陀佛……"诵经的声音在夜里显得悠长，在家庙及其周围的树林中产生回声，偶尔会夹杂一些鸟被惊起扑啦扑啦地飞过庙顶的声音，也会有一些小动物突然跑来蹿去的声音，吓人一跳。这更显得周围空空荡荡，寂寂寥寥。家庙的后面还堆了四十口空棺材，气氛颇有些阴森恐怖。胆小的人一定会睡不着觉，甚至被吓出一身冷汗。起初，常泰总是紧紧地跟在公公后面，拉拉他的衣服，浑身颤抖地说："公公啊！你快一点啊，我怕鬼啊！"公公连眼皮也不抬一下，看都不看常泰一眼，也不说话，照旧念经，敲打木鱼。

过了一段时间，常泰就慢慢习惯了，他的胆子也逐渐大了起来，就算夜里睡不着觉也不觉得害怕。一到晚上无事可做的时候，他就大声念书，感觉非常痛快。

父亲仰周先生告诉常泰，虽然这位和尚公公不识字，但是诗作得很好。常泰不相信，就想暗暗试一试，看看究竟是不是像父亲说的那样厉害。有一次，他偷偷抄了一首和尚作的诗给爸爸看，说是自己作的。仰周先生看了一眼，严肃地问："你也会作这样的诗？是你自己写的吗？"

常泰马上干脆地回答："对啊！"

"你还想骗我？这明明是那个和尚的诗作啊！"常泰

没想到竟然被爸爸一下子就揭穿了。

据父亲仰周先生说，这位和尚公公原本真的不识字，出家却不念经，就只会拜佛、打坐。

有一天，他的一个师弟看他一动不动，不吃不喝，好像连呼吸都没有了，也不敢靠近去看，吓得直冒冷汗，急忙跑去告诉师父："师父，师父，不好了，这位师兄好像死掉了。"

"你不要管，更不要乱讲，你倒一杯水放在他身上，过三天你去看看。"师父却不慌不忙地说。

过了三天，师弟跑过去看，那杯水竟然一点儿也没有洒出来，可见他根本没动过。这位师弟摸摸自己的脑袋，搞不清楚是怎么回事，也不敢再打扰师兄了，只是每天会来看看师兄的情况，也会帮他赶走蚊虫，轻轻掸去落在他身上的灰尘。

和尚公公就这样安安稳稳地睡了整整三年。

有一天，他忽然醒来了，一睁眼，竟然会作诗文了，还会念经文，简直是无师自通，如文曲星下凡。

常泰越听越觉得神奇，心里虽然拿不准父亲说的是否真实，但是一想到和尚公公每天总是不紧不慢、不慌不忙、神情自若地诵读经文、打坐、作诗，从来没见他害怕过寂静的深夜，他在心里暗暗敬佩。虽然他不迷信，但是也经常猜想，这位和尚公公会不会是传说中的神仙或佛祖下凡。难道世界上真的会有这样奇特的人？真的会有神仙？如果是真的，那也一定会有武术奇侠，就像武侠小说上写的一样。如果不是，那么武侠小说上怎么会有那样精彩逼真的故事情节呢？

常泰在家庙里读到了关于放焰口①的经书，经书里的句子让他很有感触，也特别喜欢。回去后他跟父亲仰周先生说了这件事："爸爸，和尚公公他念的经，里头有些文章写得很不错。"

"你看到了什么？"仰周先生问他。

"就是那篇关于放焰口的。"

"那些当然是好的。你知道是谁作的吗？"仰周先生又问他。

"不知道。"

"是苏东坡作的。"

"怪不得呀！是苏东坡这个才子作的啊。"常泰惊叹

———————

①放焰口：一种佛教仪式，焰口指地狱里的饿鬼，它们体形枯瘦，咽喉像针一样细，口吐红色的火焰。因为生前非常吝啬，所以遭受饥饿的报应。放焰口就是对饿鬼施舍水和食物、解救它们于饥渴之苦的一种佛教仪式。

地睁大了眼睛。经书里的文章是不是真像父亲仰周先生说的那样出自苏东坡之手，常泰无从考证，但他从这本小集子的经文中初次接触到了佛学。

常泰专心致志地在家庙里读书，书的内容涵盖历史、地理、人文等各个方面，他尽情地在书的世界里自由徜徉。当时的社会虽然整体上混乱不堪，但许多地方依然是封闭安宁的，他生活的这个小地方更是平和、宁静，这应该感谢父亲仰周先生，为他刻意营造了一个世外桃源。

这个时期，地团叶村子外面满是风起云涌的革命风暴，战乱频频的动荡时局没有搅扰到这里的宁静。常泰虽然读很多书，但对时局的了解很少。这时，儒家传统思想已经开始渗入他的心灵。他暗暗下定决心，立志做一个有风骨的读书人，但究竟以后具体做什么样的事情，他还是没想好。

有一天，常泰又回家去拿食物了。返回的路途中，他突然诗兴大发，写下了一首诗：

暑期自修于井虹寺（政洪寺）玉溪书院早归

西风黄叶万山秋，

四顾苍茫天地悠。

狮子岭头迎晓日，

彩云飞过海东头。

常泰一气呵成，对自己作的这首诗十分满意，回到庙后就把它记录了下来。后来，他找机会拿给朱先生过目。朱先生看了他写的第一句，就说："好诗！好诗！可惜啊，太衰老了！你年纪轻轻，十几岁的孩子，诗却写得这么可怜。"

常泰忙解释说："'西风黄叶万山秋'，是指自己回家拿食物回来，'四顾苍茫天地悠'，是回家途中的有感而发。"

朱先生听了，摸着胡子，还是不停摇头："你是怎么想的？好诗！可还是太衰老了。"朱先生沉默了一会儿，然后又问："你是怎么作的？"

"我在家庙里读书，早晨的时候回家去拿食物，天刚亮，太阳刚出来，正是'狮子岭头迎晓日'。从家拿完食物回庙里的路上，便又看到了'彩云飞过海东头'这个

情景。"常泰回答说。

朱先生还是说："好诗！就是太衰老了。"

常泰还是不明白朱先生说这话的意思，后来，一有空，他就琢磨朱先生的话。"也许，作为一个少年，写这样的诗显得太老成了吧？一定是和古书读得多了有关系！"

常泰十二岁就会写诗了。他天资聪颖，平日里读诵的又全是古诗文，私塾里教的也都是传统的习作方法。他训练得当，对写诗有自己的独到体会，会写诗就成了自然而然的事情。长大以后的常泰，也就是著名国学大师南怀瑾，他到台湾地区讲学，还真应了那句"彩云飞过海东头"。

第十三章
一心习武离家乡

    小学毕业后的三年里，常泰大部分时间待在家庙，读书习武，只是会在回家取食物的时候，才有机会在乡村里去转一转。那些他熟悉的乡村的一草一木，依然苍翠茂盛，小孩子还是喜欢在林间树下钻来跑去，街道房屋还是那样简单古朴，炊烟袅袅，在屋顶不紧不慢地扭着婀娜的身姿飘向天空。常泰已经感到，大人们不再像早些年的时候那样爱说爱笑了，村子里也不再那么热闹，多数时候都是很安静的，只有私塾里的孩子和先生们的读书声依旧琅琅清脆。

    正在这时候，一位在外地做事的同乡回乡度假了，常泰听说了，就趁机前去打探一些外面的消息。

    这位同乡见多识广，见常泰对外面的世界充满好

奇，又想拜师学武，便鼓动他到杭州的浙江国术馆去。

"据说国术馆是公费，学两年，不要钱，还管吃管住，毕业后就会被分配到各地当武术教官。常泰，你应该去试一试。"

"我？我能行吗？"常泰心里跃跃欲试，却也拿不定主意。

"你要想学习武功和接受新文化，就得走出这个村子，到外面的世界去看一看，这样才有机会呀！"这位同乡又鼓励他。

"嗯，你说的很有道理。"常泰使劲儿点着头，握着拳头，暗暗下决心要出去闯荡一番。

这时正值抗日战争前期，几年前发生了轰动中外的九一八事变，中国的东北已经沦陷，之后"一·二八"淞沪战役爆发，上海也沦陷了。

越来越浓烈的战争风云，外敌的残暴侵略，使整个中国掀起了抗战的风暴。中华民族自古以来传统的强国强民的武术又掀起热潮，雄武风潮在全国盛行，各地纷纷开办国术馆。国术馆是教授武术的学校，在这里学武术将来还能成为军官，听起来正合了常泰痴迷武功的心愿。

男孩子向来崇拜、羡慕《三国演义》《水浒传》《说岳全传》和武侠小说里的各路英雄豪杰。现在机会就摆在面前，当然要把握，将来学会了高超的十八般武艺，就可以走南闯北，当一个英雄好汉，行侠仗义，这才是男子汉应该做的事情。

"爸爸，我想去杭州学习武术。"常泰知道父母一定不舍得他独自离家去外面闯荡，他不想让他们发愁和担心，但他还是在一个晚上轻轻地来到父亲仰周先生面前，小声说出了自己的决定。

"什么？去杭州？学武术？"声音虽然很小，但正躺在椅子上看书的仰周先生一听却如闻惊雷，马上坐直了身子，不解地盯着儿子，一时不知道该说什么。

"常泰呀，现在时局这么乱，你还是不要去了吧？"母亲赵氏也听见了仰周先生的惊问，她早就发现这几天儿子常泰有些不对劲，总是坐立不安，儿子的脾气她是知道的，他心里一定在想什么重大的事情，所以，她一直留意着儿子的一举一动。

"妈妈，我决定了，我已经十七岁了，该出去闯荡一下了。"常泰看着眼睛已经红红的母亲，知道如果自己真的走了，她一定会很伤心，母亲是家里最疼他的人了。"您也知道，我在家里自修已经三年多了，这样下去总归不是个办法，能看的书我都已经看过很多遍了，

也该让学到的东西施展一下了。"

尽管大家都很反对，但常泰态度坚决。

仰周先生对儿子管教严格，一直让他在家自修，最终的目的无非是要让他学会做生意，过上安定平稳的耕读生活。母亲赵氏也希望爱子能够留在身边，但对于他将来做什么，倒也没有太多的主意。

反复讨论了好多天，谁也改变不了常泰的决定，他已经悄悄收拾好了离家闯荡的行李，就等着父母点头同意，他不想让他们太为自己担心和伤心。

仰周先生和家人都知道常泰的犟脾气，见他心意已决，就是九头牛也拉不回来，便不再阻拦和劝说他了。

这时候的南家，还没有从遭海盗洗劫的损失中恢复过来，连常泰出门的盘缠都凑不齐，只能找亲戚筹措。妈妈给他打好包裹，带上一盒亲手做的饭菜，依依不舍地送他走上奔赴杭州的路。

眼看着儿子昂首挺胸地走在路上，奔赴外面的世界，母亲赵氏实在放心不下，泪眼婆娑地一路目送着他，仰周先生只好安慰妻子："随他去吧，该他享的福他就享，该他受的苦他也得受！也许，他会闯荡出一条路呢！"

常泰是家里的独子，从小用钱是一把抓，不用数数的，他甚至不会数钞票，而且只喜欢用崭新的钞票，旧的嫌脏，都不太愿意去摸。那时，他还带着一些富家子的习气，买东西的时候，都把钱交给同学来付费，有没有找回钱，找回多少，都搞不清楚。现在要出远门，钞票都得自己带了。

以前，他在县里读小学，祖母都会悄悄打几个黄金戒指给他，大部分是一钱左右的小分量戒指，小得像耳环一样，放在袋子里，再把袋子拴在常泰的腰间。祖母对他说："孩子啊，注意，这是救命的钱，不准随便用。在外面遇到困难的时候，你拿出一个戒指给人家，或许可以换两个馒头，还可以救命。这是救急救命用的，要记住啊！"现在，他带着家里为他凑起来的为数不多的钱，像捧着个大金元宝，一点儿都不敢松懈，总是悄悄摸摸腰间，生怕出了差错，不小心弄丢了。

常泰从来没有想过，他这一走，便开始了一生的闯荡之路。他只是凭着青春年少"不识愁滋味"的万丈豪情，辞别父母，立志要走出乡关。他面临的是未知的远方，而未知总是吸引人的。他无所顾忌也无暇回顾，从小养成的独立果敢的性格，驱使着他不断去寻找心中那个神秘又高大的目标，一路步履不停。

第十四章
远赴杭州学国术

　　这年夏天的一个清晨，刚刚十七岁的南常泰，背着简单的行李和随身物品，跟着那位见过世面的同乡，离开了从小一直生活的家乡地团叶村。和家人红着眼圈分别，一踏上出乡的大路后，他就没有再回头看过，而是昂首挺胸、步伐坚定地向前走着。他怕看到站在村口望着自己背影的家人难过，也怕自己看见他们不舍的样子会把含在眼中的泪水挤出来。他一手扶着扛在肩上的行李，没有提东西的另一只手随着前进的脚步有节奏地前后甩动，迎面吹来的风带着咸腥味，把他的头发都吹得竖立起来，衣襟也随风飘动，路两边的树木也随风摆动，仿佛在和他挥手道别。远远看去，常泰就像一个武侠小说中的少年侠客，走在红色的晨辉中，他那瘦小的身影在宽阔的路上被拉成了一个高大的巨人影子。

他们先搭车到了温州市区，再坐船到上海，接着又转坐火车。一路上多亏了这位热心又仗义的同乡悉心照顾，常泰才平平安安地到达了目的地——这段时间一直令他向往的神秘的大城市——杭州。

这是他长这么大第一次出远门，第一次走那么远的路，第一次坐轮船，第一次坐火车，第一次见到大都市，第一次接触到家乡之外的世界。抬眼望去，常泰发现什么都新鲜好玩，见所未见，就像刘姥姥进了大观园，东看看，西问问，生怕错过什么新奇的事物。

虽然一路疲惫劳累，他却津津有味，乐在其中。故乡的一切开始渐渐远去，渐渐模糊，一个全新世界的幕布在他眼前徐徐拉开，他感到莫名地精神抖擞、心情舒畅。对他来说，真正意义上的长大，真正意义上的独立生活开始了。

常泰马上就喜欢上了这座"人间天堂"。杭州风景秀丽，与苏州合称"苏杭"，自古就有"上有天堂，下有苏杭"的美誉。杭州也是历史文化名城，历史上很多文人墨客都在这里生活过，留下很多人文古迹，以及无数传诵至今的诗词文赋。在杭州，西湖最为著名，以孤山、白堤、苏堤、杨公堤为界将湖面分隔为外湖、北里湖、

西里湖、小南湖及岳湖五个部分。习惯上，称孤山、白堤之北的湖为里西湖。更让常泰兴奋的是，他要去的浙江省国术馆就坐落在里西湖。

杭州还是一个武术名家荟萃的地方。1929年，杭州曾举办西湖博览会，这期间组织了一次规模空前的全国性武术擂台赛。当时，国内武术名家云集，杨式太极拳宗师杨澄甫等26人担任擂台赛评委，南拳名师萧聘三等37人担任监察委员。比赛期间，来自全国各地的武术名家纷纷登台献艺。不过最吸引人的还是真刀真枪、拳拳到肉的擂台赛。为了争夺武林擂主，一些武术名家甚至辞去评委之职，转而报名打擂。擂台赛规定，除不准使用挖眼、扼喉、抓裆等伤及性命的动作外，没有其他限制，参赛者甚至都不用任何防护器具，连拳套都不戴。现场搏击十分激烈，吸引了无数观众驻足观看，喝彩声响彻天空，不绝于耳。这届西博会与擂台赛声势浩大，影响也很广。博览会结束后不久，当时唯一新建的展览馆——工业馆（口字厅）就挂上了"浙江省国术馆"的招牌。

常泰来到杭州的时候，正是国内军阀混战和日本入侵的多事之秋。很多武术门派联合呼吁倡导"国术救国"，脱掉"东亚病夫"的帽子，因而以"术德并重，文武兼修，强种救国，御侮图存"为口号，南京国民政府建立起了全国国术体系，浙江省国术馆也由此诞生。建馆之初，就聘请了苏景由、杨澄甫、刘百川和萧聘三等武术名师，以及在擂台赛上技压群雄的多名武林高手，来担任浙江省国术馆的武术指导教师。第二年，浙江省国术馆师范班开始招生。千百年来，武林讲究的都是师父带徒弟，而师父对徒弟一般都留一手，导致不少绝技失传。将各门各派集中在一起，博采各家的长处，以办学的方式传授武术，浙江省国术馆在中国近代武术历史上可以说是开了先河。

常泰到达杭州时，浙江省国术馆刚刚开办几年，招的学生并不多，总共只有七八个。

一路辗转劳累，他终于来到这个慕名已久的地方，一下子就像潜龙跃入大海，顿时焕发出无穷的活力，将全部身心都投入到习武当中。常泰依然学得很认真，也很刻苦。每天上完八小时的课程后，别的同学已经累得趴下了，他还觉得意犹未尽，给自己加码，额外练习。

他深知自己从小身体弱，武功底子也不像武术世家的弟子那么好，所以他告诉自己只有笨鸟先飞才能出人头地，才能不辜负牵挂着他的家人。他每天凌晨四点钟就起床，一个人先到西湖边上练拳舞棒，练一两个小

时，才回到宿舍，和刚刚起床的同学们一道吃早饭、去上课。在同班同学中，他年纪最轻，个头也最小，但每门功课、每种武艺，他学得最快最好。因此，同学们都羡慕他，老师们也对他特别喜爱和器重。

学校里的武术老师有十几位，既有武林中早已成名的长者，也有崭露头角的新秀，个个都身怀绝技。内家拳、外家拳，少林、太极、武当、峨眉，各门各派，人才荟萃，刀枪剑戟、斧钺钩叉十八般兵器样样俱全，国术馆俨然就是英豪汇聚的武林大场馆。更加可贵的是他们不但武艺超群，而且一身侠气。其中一位叫刘百川的老师，功夫很深，外号"双刀刘"，传说他只要用手轻轻拍一下，就很少有人能吃得消。还有一位姓田的老师，文质彬彬，气质儒雅，外表看起来实在不像是习武之人，却是内家高手。常泰经常到田老师家里拜访，发现他家里满是字画和各种书籍，丝毫没有雄赳赳的武夫的做派。还有一位教少林拳的老师，人格品行也同他的拳法一样阳刚磊落。

常泰对这些老师都很敬佩。

这些武术教师不仅传授武功，平日里也会不时提点做人的道理。其中有一位少林拳师就常常双目圆睁，对学生厉声训话："为了国家，要练好身体，不要虚度时光，不要沉迷酒色，谁要是沉迷酒色，就不要来学武术！"很多这样深刻的人生经验和教训，老师们都会严肃地教给学生。

国术馆除了武术训练以外，还开设一些较为基础的文化课程，如国文、历史、生理卫生等。

常泰一直喜爱读书，这些文化课自然也学得津津有味。不过，这些基础课程对他来说太简单了一些，他不满足只学这些内容，于是决定抽点时间去"正宗"的大学里"蹭课"。选来选去，他决定先到附近的之江大学去旁听。之江大学是当时莘莘学子一心向往的名校。常泰曾试图学习外语，他参加外语补习班，但没有坚持下去。他觉得由于自己小时候没学过外语，没有外语基础，再加上已经过了学习语言的最佳时机，想学会外语要花费太多精力，还是先把中国文化学好更重要，于是就放弃了学外语。

或许是由于年纪还小，社会阅历不够丰富，对各行各业的了解也不够多，对于自己究竟要学什么，将来致力于哪种事业，常泰这时还没有明确的目标和方向。但是，有一点是可以确定的：自己离家独自来到国术馆求学，并不是想要毕业后做一名武术教官，那只不过是走出家乡、见识外面的大千世界的一个借口和临时变通的

办法。他一直有一个朦胧而远大的愿望：一定要寻找并拜师能耐超凡的仙侠剑客，要学一身高超的本领，做一个叱咤风云的人。

他的这个梦想，或者说是野心，一直支撑着热血澎湃的年少的他，使他保持一股强烈的求知欲，锲而不舍地去读书、习武。他也从来不允许自己闲下来。国术馆的课程本不轻松，他却还给自己安排额外的任务，尽可能地搜罗所有能够找到的书来读。当时，商务印书馆编了一套《大学丛书》，内容讲的是电、光、航空等现代科技的专业知识，他觉得很有意思，便一股脑儿全都借来读。

杭州西湖孤山南麓有个文澜阁，初建于清代乾隆四十七年（1782 年），是清代皇家为珍藏《四库全书》而建的七大藏书阁之一。当时，《四库全书》编撰完成后，先抄四部，分藏紫禁城文渊阁、圆明园文源阁、奉天文溯阁、热河文津阁，称为"内廷四阁"。后来，乾隆皇帝因为"江浙人文渊薮，允宜广布，以光文昭"，又命令续抄三部，分藏扬州文汇阁、镇江文宗阁和杭州文澜阁，称为"江南三阁"。现在"江南三阁"只有文澜阁所藏的《四库全书》还保存完好，成为"东南瑰宝"。常泰就想办法办了一张借书证，每个星期天都跑到文澜阁，借几本书翻阅。按照规定，这些书是不能外借的，他也就无法进行细读，但经过这一番"囫囵吞枣"，也能有很大收获。第一次亲手触摸、诵读到如此壮观宏大的皇家藏书，他不禁兴奋激动，久久不能平静，对中国传统文化精华有了更加深切的感知，从此更加痴迷传统文化，暗暗发誓要博览群书，做到博古通今。

第十四章 远赴杭州学国术

第十五章 与"四眼和尚"结为好友

第十五章
"四眼和尚"结好友

　　每天，身在仙境一样美丽的西子湖畔，在葱郁茂盛的翠竹绿树间，常泰倍感神清气爽，心情舒畅，家乡的印迹和景物在他心中逐渐被深藏，每天演练着自己梦寐以求的各种武功，课余饭后还可以借阅到很多在家里买也买不到的书，他的功夫和知识都进步飞快，当这一切做得游刃有余的时候，游历杭州附近的名胜古迹就成了他的新目标。这不仅仅是因为少年爱玩好奇的天性，更重要的是，他知道秀美的山林中古刹建筑、庙宇道观众多，传说中出过不少神仙侠士。常泰一直想要寻访一位当世得道高人，学一身济世救人、天下无敌的本领，要是能找到一位传说中的剑仙就更好了。逐渐地，常泰只要一有空就会四处游逛。杭州的名胜古迹，他全都跑

遍了。

在国术馆附近有一处名胜——葛岭，相传东晋时著名道士葛洪曾在这里筑庐修道炼丹，因此而得名。岭上有抱朴道院、炼丹台、炼丹井、初阳台等道教名胜古迹。位于葛岭顶的初阳台，是一处观赏日出的好地方，著名的钱塘十景之一的"葛岭朝暾"就在这里。

葛岭上有一座庙，常泰经常去逛，他一直希望有朝一日能碰到一位可以指引自己成为剑仙侠客的高人，结果，他一次又一次满心欢喜地跑去，每次都伤心失望地回来。

有一次，常泰在去葛岭的路上看见一位长相非常奇特的和尚，大耳下垂，几根长眉随风飘然，总是眯着眼睛，嘴角上扬，一副开心的样子。和尚的衣着一点儿也不考究，长袖宽肥，随风一抖，呼呼作响。这位和尚走起路来大步流星，速度很快，远远看去，就像一位仙人要腾云而起，这让常泰感觉很好奇，马上变得很兴奋。

"看样子，这一定是一位世外高人，至少也是一个有特殊本领的奇人。"常泰心想着，就一路小心地尾随着。和尚好像根本就不在乎后面有人跟随，头也不回。看着他衣带飘飘的背影，常泰觉得这就是自己梦中一直想找的仙人。

　　跟着跟着，和尚进了一个又小又潮又黑的山洞。常泰只好挨着山洞不敢惊扰他，探头往里一瞧，洞里的一块大石头上面铺着一张破竹席，还有一捆稻草，这就是和尚的全部家当。和尚回到洞里，就斜靠在石头上，微微盘着腿，闭目养神，轻轻摇着头，像是睡着了，又像是在打坐念经。

　　常泰觉得这种情境特别像武侠小说里的世外高人，就赶紧跑进去向和尚行礼请安。和尚坐在破席上，看都不看他一眼，一声也不吭。

　　"师父，您好！"

　　"师父，您好！"

　　常泰以为是自己声音太小了，和尚没听见，就提高嗓门接连问候了好几声。和尚还是没有听见似的，静默不语。过了一阵子，他见和尚还是没有动静，且呼呼地睡着了，只好噘着嘴巴扫兴而回。去葛岭寻访高人没有结果，常泰一路踢着石子，揪着路边的树叶，甩着胳膊，无精打采地往回走。

　　自从葛岭回来以后，常泰虽然每天还是一如既往地坚持习武、读书，可是一直闷闷不乐，心中总像是压着一块沉重的石头，他把这种压抑都释放在练武上，打起拳来呼呼带风，力道十足，快速干脆。正当他把遇见那

位奇怪的不语和尚的事忘掉的时候，他在西湖边又遇到了一位和尚——一位戴眼镜的斯文和尚。

这天傍晚，常泰正在西湖边上练拳，偶然遇到了这位斯文和尚。这位和尚见他练拳虎虎生风，招招有力，就站在旁边一直观看。等他打完了，才走过来问了句："小伙子，你练的是什么拳法？"

"这是外家拳的一个套路。"常泰朝斯文和尚行了个礼，然后才擦了擦汗。

"有气势。"斯文和尚伸手挥舞了几下，却急忙停了下来。原来是他的眼镜差点儿被甩掉了，他赶紧扶了扶眼镜腿，朝常泰笑笑，样子看起来很和善。两个人你一言我一语地攀谈起来。交谈一阵后，斯文和尚就请常泰到他的庙里去坐坐。

后来，常泰才知道这位斯文和尚的法名叫"圣士"，是浙江宁波人。他说起话来慢声细语，斯斯文文的，戴着一副近视眼镜。他的庙位于里西湖，名为"闲地庵"，环境优美，清静幽雅。四周绿荫环抱，石雕石刻、假山石镶嵌点缀在林间或草地中，石子小路绵延迂回在树竹之间，一直通到庙门。那天晚上，他们聊到很晚，话题投机，一见如故，直到月亮升起，群星闪耀，常泰才余兴未尽地一路跑回学校。

打那之后，常泰就经常到庙里来，他教和尚打拳、练剑，同和尚聊天。和尚则供他吃喝，还借书给他读。很快，他们就成了好朋友，经常会说说笑笑，常泰开玩笑叫和尚"四眼和尚"，和尚也不生气，反而开怀大笑。

有一天，常泰又去庙里看"四眼和尚"，发现他的桌子上正摆着一本装帧精美的佛教经书。常泰好奇地拿起来翻看。

"这本书借你读读吧。"和尚说。

常泰翻开一看，刚读了几页，顿时有一种说不出的亲切感，就说："送给我吧。"

"好啊，你要就拿去。回去要念，不能只是看。""四眼和尚"很爽快地答应了。

回到国术馆后，常泰就抽时间坐在学校会客室的角落里，拿起那本经书从头开始念。他按照和尚的要求，不只用眼睛看，也不是默念，而是真正地念出声，逐字逐句地大声念出来。平时，他住在学校宿舍，每天早上固定四点钟起床去练功夫，练完了再钻回床上，和大家一起睡到吹起床哨再起床。现在早上又多了个念经的环节，他就一个人躲到会客室里去念。他担心本来就被人嘲笑老土跟不上新潮流，现在又诵读起佛经来，只好躲起来，以免让人撞见。书很厚，他一下子念不完，于是

早晨念一点，下午或者晚上再念一点。念了不到一个礼拜，他就能流利地背诵出来了。里面有些不解的地方，他就跑去庙里找"四眼和尚"帮他解开书中的迷惑。

"四眼和尚"开了门，看到他一脸疑惑的严肃样子，先是愣了一下，然后摇头大笑。直到他帮助常泰解决了那些疑问，常泰才像透过气来，表情也轻松了，又与和尚说说笑笑了。

"四眼和尚"见他已经理解了那本经书，就又转身进里屋拿了一套书递给常泰："这本书拿回去读吧，《指月录》。"《指月录》共有三十二卷，书中记述了佛教的一些故事及哲理语句。常泰拿回去天天捧在手里，如获至宝，大声朗读，可是并不太理解，只知道又拿了本"奇书"。这本书对少年常泰来说太难了，太深奥了，他硬着头皮才算把它读完。

"四眼和尚"所在的庙并不是名山古刹，庙里还挂着一张史量才的遗像。闲地庵实际上就是史量才的家庙。史量才是中国近代史上的一位著名人物。他不仅学识渊博，武艺也很高超。他曾经说过："人有人格，报有报格，国有国格。"他的报纸经常为老百姓呼吁报道，追求言论自由等。

常泰从来没有见过史量才，但自从认识了"四眼和尚",史量才的家庙闲地庵便成了他读书的好地方。因为史量才勤奋好学,酷爱读书,所以家庙里藏书很多,有些书都是别的地方见不到的。他读了史量才为自己"准备"的这些书后,感觉受益良多。

道家的书中有很多关于成仙得道的故事,这些传说,正是常泰心中一直向往的,加上传说中史量才的武功也非常强,他认为史量才一定是受到了得道高人的指点,常泰心中寻找世外高人和剑仙侠客的愿望再一次变得很强烈。只要一闭上眼睛,他就想到一个飘飘然的剑仙,他长眉须发,起落云端,立足山顶,缥缈在云雾当中。

"我一定要寻找到剑仙!一定要学到仙人的本领。"常泰又在心中暗暗发誓,一边练武读书,一边留意着关于剑仙侠客的消息。

第十六章
救助同乡竟被骗

　　自从走出家乡地团叶这个小村子，来到天堂杭州，常泰眼界大开，大脑就像一个百宝箱，逐渐装满了各种各样的"宝贝"。在国术馆的生活，更是如鱼得水，每天就是练武、读书，不仅饱览丰富的图书，武功也进步得非常快，涉猎的功夫种类也多了不少，虽然个子还是长得很慢，但是身体已经变得强壮了很多。相较于每天在国术馆修习自己喜爱的武术课，常泰的课余生活更加潇洒快活了，一有时间他就会游山玩水，寻仙问道，拜访求教一些知名人士，思想上也受到很多启发，这更让他迫切地想追访到梦想中的"剑仙侠客"。

　　在社会时局动荡杂乱的时期，常泰还能把生活安排得丰富多彩，充实圆满，已经是很厉害了，但是也有不

少令他烦恼的事情，比如一听到战争的消息，他就会担心家人；一看到大街上可怜的流民和孩子，他会因为爱莫能助而觉得很不是滋味，其中，最不顺心的就是缺钱。

看着那些可怜的人，摸摸自己的口袋，却摸不到能够帮助他们的钱，甚至连自己的学费和吃饭也时常出现危机。

来杭州之前，听说这里的国术馆是公费的，供吃供住，毕业了还可以去做教官养家糊口，所以家里人才放心地让常泰独自离开家乡来这里好好学武，而且那时家境已经变得很穷困，维持一家人的生存都很艰难，为他准备的钱自然也十分有限。等常泰辗转好几天，一路上摸着妈妈藏在他腰里的钱口袋，小心翼翼地来到了学校才知道，因为时局变换，学校的经费已经变得很困难了，从他这一期开始，许多费用都要学生自己负担了。家里经济本来就不宽裕，很难再给他准备更多的钱。才过了一个学期，常泰就不得不为下学期的费用操心了。经过一学期的省吃俭用，兜里只剩下八块大洋，常泰得考虑如何才能挺过寒冷的冬天，因为他连冬天的棉衣都没有，还需要自己去买。就这点儿钱，如何能支撑下去呢？偏偏在他担忧过冬和下学期费用问题的时候，涉世不深的常泰又经历了一件"离奇"的事。

有一天，常泰正在学校的会客室里聚精会神地读书，一个同学匆匆忙忙跑了进来，大声朝他喊："常泰，常泰，不好了，不好了！要出人命了！"

"出人命了？在哪里？怎么回事？"常泰被突如其来的喊声吓了一大跳，赶紧丢掉手里的书，扭头观望，只见那个同学早已满头大汗，气喘吁吁，上气不接下气。

"西湖，西湖里跳进去了一个人！"这个同学靠在墙上，歇了口气，常泰赶紧扶他坐下，让他喘口气接着说。

"到底是怎么回事？谁跳进西湖里了？"常泰心里着急，马上睁大了眼睛盯着还在大口喘着粗气的同学。

"轻生的，想自杀的。"那位同学终于出了一口长气，做了个深呼吸，调整了一下，"刚才，西湖里跳进去一个轻生的人，差点儿出了人命，好在过路的人及时发现了，大家一起搭救，才把他救上岸来，如果再晚一点儿，估计就没命了。"

"哎，我还以为已经出人命了呢！不管怎样，没出人命就好，人救上来了比什么都强。"常泰悬着的心，总算落了地。

"你知道我为什么来找你？"这位同学终于能够连贯地说话了。

"是啊，已经救上来了，为什么还来喊我？"常泰心

里真是有些埋怨同学了。

"他，他说他是乐清人，说是你的老乡！"同学总算是说出了常泰最想听到的原因。

"什么？乐清人，还说是我的老乡？"常泰很惊讶，"那赶紧带我去看看，他现在在哪里？"

"西湖边。"刚缓过气来的同学急忙拉着常泰，往湖边跑去。刚跑过树林，远远地就见湖边坐着一个中年男子，浑身湿透，哆哆嗦嗦，显然是刚从湖里捞起来，十分可怜，旁边还围着不少看热闹的人。

常泰看见这个场景，赶紧上前，蹲在那个中年男子身边，问个究竟："您说说，您这到底是怎么了？发生了什么事？怎么能这样想不开呢？"

"哎！真是一言难尽啊！"中年男子一边抹着眼泪，一边凄惨地开始诉说，"我呀，原本是个生意人，做点儿小本生意，从老家乐清来到杭州这里做生意，以为大城市里的生意会好做一点儿，就拼凑了一些做生意的本钱，原本以为会赚到钱，荣耀地回家去给老父老母、老婆孩子过个好年，谁知道，这人生地不熟的，一出来没多久就把老本都赔光了，不仅一天没吃上饭，现在连回家的路费都没有了，真是没脸回家，只好投湖自尽，了结我这没有用的一生吧。"

周围的人听了他的遭遇后，议论纷纷。

"哎呀，确实很可怜啊，人生地不熟的，不好做生意呀。"

"是啊，是啊，这上有老下有小的，不容易的！"

有的人认为他很可怜，也有的人认为有点儿可疑。

"哎呀，看你应该没有受伤吧？大男人弄出这般可怜相。"幸好他跳下去不一会儿就被好心人救了上来，并没受到什么伤害。

"哎，算了算了，没有受伤就好了。"常泰见那个中年男人还在不停地哭，身上还在滴水，虽然没有受伤，大冬天这样湿漉漉的，一定很冷，时间长了会着凉生病的。忽然想起了父亲仰周先生曾经告诉他的话"一分钱逼死英雄汉"！

他顾不得多想，忙把那个人搀扶起来，"您快起来跟我回去吧，找件干衣服换上，以免着凉了。"

"出门在外都不容易，我怎么能让你帮我呢？"那个中年男人故意拖拉着不起来，"我还有什么脸去见人呀！让我一死算了吧，不要管我了！"

"不要这么说，我也是乐清人，老乡见老乡，相互帮一帮，您还是跟我回去吧。"就这样，一拖一拽地，常泰把中年男人带回学校。

　　"您先换上这套衣服吧，不要嫌弃，这是我最好的衣服了。"常泰给他拿了自己的一套衣裳，让他把湿衣服换下来，还到厨房给他弄了点热乎的食物，中年男人狼吞虎咽地一口气吃了个精光。

　　看着中年男人已经暖和了很多，脸上也红润起来，常泰摸了摸自己的口袋，里面仅有八元钱！这是他全部的家当了。他不顾自己也是泥菩萨过河——自身难保，拿出六元钱给了中年男人，叫他赶紧回家过年。中年男人接了钱，说了声"谢谢"就走了。

　　常泰看着落难的老乡渐渐远去的背影，摸了摸口袋里剩下的两元钱，觉得虽然自己也囊中羞涩，但是资助同乡回家也算是做了一件好事，心里依然十分高兴，就算自己受苦，也不会后悔。他索性又跑到西湖边，练起武来，越练心里感觉越痛快。

　　过后，他在信中把这件事告诉了父亲仰周先生。父亲在回信中说："这个人确实是乐清地团叶人，不过是个骗子！他已经用不同的伎俩骗了不少人了，家乡很多出门在外的人都受骗过。不过，你这样做也没有错。不能因为有怀疑，就不去做善事了。"

　　这是常泰长这么大以来，第一次上当受骗，让他明白了这个世界上的人并不都像自己那般单纯，那样言行一致、表里如一。不过，他并不因此便对世界产生怀疑，认为人人都是骗子，相反宁愿相信好人是大多数，有些人做坏事可能也是迫不得已。

　　后来，他每遇到有人求助的事情，还是会尽力去帮助别人，常泰总是这么想："有时候明知这个人是个骗子，他来向我借钱，我还是会借给他。他向我开口，说明他有难处，我能帮忙，为什么不帮呢？"他的这种思想和作风，平常人简直无法理解，同学问他："明知道是骗子，你还甘愿上当受骗，是不是脑子有病呀？"他就会摇摇头，很认真地回答道："'真心不怕假和尚'，施恩不必求报。"

第十七章
寻找剑仙遇奇道

　　寻找剑仙侠客的念头促使常泰继续寻访杭州的名胜古迹，他经常在西湖边遇到同去练武的人们，便打听攀谈起来。一提到"剑仙"，人们都摇头，然后上下打量着他，把常泰看得很不自在，他以为自己脸上或身上有什么脏东西，急忙用手擦脸，检查自己的衣服。人们都不相信有剑仙，都以为这个少年为了练武，有些痴迷幻想了。

　　后来，常泰听人说，杭州的城隍山上有一位老道士，据传他曾是清代王室的公子，这个道士白须白眉，长相年轻，像个孩童，神采奕奕，举止轻盈，就在城隍庙修道。传说他神仙也不想当，佛也不想成，一心只想当剑仙，手指一指，一道白光就射出去了。常泰一听说有这样一位老道士，马上决定要想办法去拜访。

过去，这个城隍庙是道家一个很大的丛林，要见里面的老道士一面是一件很难的事情。常泰接连跑了八趟，连道士的影子都没见着。

后来，常泰听说有一位佛教法师跟这个老道士有点儿交情，就请"四眼和尚"帮忙引见，这才算见到了那位老道士的"庐山真面目"。

初次见面时，老道士从屋子里面走出来，单是他的举止和风度就使少年常泰折服。只见这位老道士真如传说中的那样，白发、白须、白眉毛，穿着一双云鞋（就是白色的袜子，黑色的鞋子前面绣个云头），身着灰色的长衫道袍。两只宽宽的大长袖一挥，随风飘起，走起路来身轻如飘，山风吹起长长的白色须发，简直如神仙一样！那悠然自得、超凡脱俗的气度，看得常泰心驰神往，痴呆呆地像醉了似的。

经过介绍，主客坐下。虽然常泰还是一个少年，眉清目秀，但血气方刚。老道士很客气地请常泰喝茶，然后就问常泰："你贵姓啊，府上在哪里？"常泰恭恭敬敬地回答。然后，老道士就开门见山地问他："少年啊，你为什么一定要找我呀？"

常泰这时候，赶快跪下了，在地上磕了一个头：

"我想拜您做师父。"

"孩子啊，快起来。"老道士从座椅上下来，转瞬间把常泰扶起来："不可以叫师父，哎，请起，不要客气，不要客气。我不够格做你的老师，不过我吩咐你两件事。你既然那么诚恳地来找我，我要给你一点东西。"

常泰看见老道士的动作那么迅速，那么轻巧，眼睛都直了，怔怔地盯着他看。

老道士看到他的神态，不禁微微一笑，说："第一点，你啊，以后眼神不要那么外露、张扬，年轻人的眼神要收敛。你会不会看花呀？"

"花怎么不会看？当然会看呀！"

"我看你是不会看花的！"

"那您说说，花要怎么看？"常泰疑惑不解地问，眼睛一直不敢乱看。

"一般人看花，看任何东西，都聚精会神，将自己的精气神都倾泻到花上去了。这样就错了，要让花来看你。"老道士撸撸长胡子，眯着眼，好像嘴角在笑，眉毛在笑，眼睛也在笑，看起来很慈祥，很亲切，很温暖。

"花怎么来看我呢？"常泰惊奇地微张着嘴巴，眼睛都瞪圆了，他第一次听到这种说法，兴致盎然地问。

老道士像说绕口令似的："会看花的人，只是半觑着眼，似看非看地，反而会将花的精气神吸收到自己身上来了。眼神像照相机一样，一路照过去，把花的那个精气神吸到心里头来。用目光把花、草、山水、天地的精神吸进来，不是拿我们的精神去看花，要把它们的精神吸回来。"

常泰听得云里雾里，似懂非懂，只好继续听下去。

实际上，老道士在这里说的就像武侠小说中写的道家修炼精神的方法，吸收了一切植物花草的生力，借着练神成气，就是"与天地精神相往来"的原理。这让常泰更加崇拜老道士了，在他眼中，老道士并不是站在自己面前的，而是脚踩着一片白云，就是神仙下凡了。

稍微停顿一下，老道士轻轻咳嗽了一声："嗯。"

看见常泰缓过神来，老道士才接着说："第二点呢，我们的心脏只有拳头那么大。我知道你的经历很辛苦，也一直很努力，未来可能还会经历很多波折，才能达到你追求的目标，你将来出去可能会做很多很多的事，责任也会很大，这个心只有这么大，什么事情都不要装进来，痛苦也好，烦恼也好，得意也好，失败也好，都不要往里头装。会迸发开来的！痛苦、烦恼、得意，统统丢出去，都丢出去，什么事情这里一过就丢出去，永远

丢出去，你一辈子就受用无穷了。"其实这是一个智慧的道理，心里不装闲杂的事。

常泰一连跑了好几趟求见老道士，光是这两段话，就已经很深奥了。常泰很佩服老道士，可是觉得这些话神乎其神的，不是什么可以模仿的方法，也不知道有没有效果，所以还是要些实际的剑诀来得更管用。于是，他又扑通一下跪在地上："师父，您总要传我个剑术的秘诀吧！"

"这个我不懂，这个我不懂。你还是走吧。"老道士连连摇头，长长的白胡须随风飘动。

"师父，您要是不传授我，我就跪着不走了。"常泰又要跪拜，想赖着不肯走。

"师父，您该休息了。"老道士旁边那个道童，来催了老道士好几次，这是暗示，已经在下"逐客令"了，然而常泰心意已决，就是不走。

来这里之前，常泰已经打听得很仔细，据说这位老道士每逢有人求剑术，都推说不会，但是愿意教人画梅花。"师父，我真的想拜师，学习剑术，作画的事情，我不擅长，请您还是教授我功夫吧！"说完，常泰又要跪下，老道士又是长袖一飘，轻轻地把他搀扶起来。

"孩子啊，你很执着，这很好。"老道士被常泰的执着所打动，就问道："你曾经学习过什么剑法？"

"回禀师父，我学过青萍剑、奇门剑等。"常泰挺直身子，恭恭敬敬地回答，不敢怠慢。

"好吧，孩子，那你把你的剑法练给我看看。"于是道士边说边叫道童把剑拿过来。

常泰接过剑，在手里一抖，看着明亮的剑身，顿时精神抖擞，向老道士行礼之后，就唰地开始舞动，把长这么大所学的本事都使出来了。舞完一套剑法，他双手把剑奉还给道童，自信满满地站在一旁等候评价。

"这真的只是儿戏，不可再练，白白浪费光阴，还是读书为好。"老道士看了看，只是微微一笑，淡淡地说道。

常泰一直练得认真，又很刻苦勤奋，经常受到老师和同学的夸奖，向来很是自负，但在老道士看来，这些都不过是花拳绣腿。

"不要搞这些啦！这个时代用不着了，新兵器威力太大了，就算你剑术武功再高，也抵不过一颗子弹。"见常泰不以为然的样子，老道士又说道。

常泰虽然嘴上不说什么，但心里还是意志坚定，不为所动，语气十分坚决地说："应该还是有用的吧！如果能像剑仙那样！"

老道士见他仍然痴迷的神情，突然十分严肃地说："你所听说的武侠小说上说的白光一道、口吐飞剑这类的话，在世界上并没有这么回事。所谓的剑术高超的'剑仙'虽然可能会有，但并非如同小说上所描述的那样神奇。你暂且试练一下，每天晚上把门窗紧闭，房间内不点灯，使室内漆黑一片，仅仅点燃一炷香，尝试用剑劈开香头，手腕着力，而臂膀不动。等练到一剑劈下，香成两半时，才进入第一阶段。第二步，黄豆抓一把在手里，丢一颗，凭空一劈就正好从正中间一劈两半；然后再劈绿豆，绿豆比黄豆小，你都劈得开时再来，我再教你。"

听老道士这么一说，练剑竟然这么难，常泰一下子泄了气，不想再学了。倒不是不相信自己没有这个能力，只是自己已经立志学文兼学武，才能为国家出力，救国救民，如果长年累月这样练剑，必然什么事都会分心，心不专一反而一事无成。"鱼与熊掌，不可兼得"，看来练成剑仙这一条路已经被封了，走不通了。

老道士看到常泰失望的神色，又微微一笑，再看一眼道童，道童就把茶杯端了过来，递给常泰，"请喝茶。"这是江湖上老规矩，"端茶送客"。

常泰这下不好再纠缠了，只好赶快站起来，鞠躬告辞："多谢师父指点，您多保重，再见。"

虽然暂时断了当剑仙的念想，但是常泰对于学拳学剑仍旧十分勤奋，照旧每天凌晨起床练拳舞剑，两三小时后，再冲澡穿衣，开始一天的课程。

杭州西湖一带，习武练功的人特别多，常泰每天早晚都在西湖边上，在这些练武人当中行走，或者讨教或者观赏模仿，刀枪剑戟，棍棒鞭爪，铜掌铁腿，他样样都练。

常泰后来又访遇了许多和尚道士，都是各有专长，但他们练习功夫的方法大都与城隍山老道士所说的相差不远，没有三五十年的功夫，不能成大器。虽然对这一漫长练功的要求倍感失落，但常泰在国术馆练功从来没有间断过，追访剑仙侠客的志愿还是深深地刻在心中。

第十八章
苦习夺冠追宏愿

在浙江省国术馆学习的时间过得很快，常泰只有在暑期的时候，才会回家待上短暂的一个月。1936年暑期，他回到家，家人都很惊喜，纷纷睁大眼睛围过来，上下仔细地打量着他。经过一年的习武，他长高了一些，身体也壮实了许多。家里人总算把他给平安地盼回来了，免不了嘘寒问暖，问长问短，常泰的祖母和妈妈更是拉住他的手不放开，大家都要他讲讲这一年在杭州的经历和见闻。

常泰就滔滔不绝地把自己到杭州后的生活和习武的情况讲了一遍，尤其讲到拜访那位神秘老道士的事情时，大家都听得目瞪口呆，就连父亲仰周先生也满意地连连点头。

暑期过后，他又到杭州学习去了。这一走，直到十一年后，他才第二次，也是最后一次回到家乡。

在国术馆两年的生活，忙碌而充实，除了学校安排的课程表之外，常泰自己还有一个日程表，每天都排得满满的。他每天严格按照自己订下的日程表执行，晚上只能睡四五个小时，不让自己闲下来，不浪费时间。他经常警示自己："人非有品不能闲。"

经过两年的学习，到 1937 年 5 月，常泰在国术馆的学习就要结束了。这时候，中国国术主要倡导人和奠基人张之江先生来到浙江省国术馆主办了一场全省性国术比赛，国内很多武术高手都报名参加，一时间，杭州大街小巷男女老少都热烈地议论着这场赛事。

"号外号外，全国国术大赛将在杭州举行！"

"国内武术高手云集，一定好看！"

万众期待和瞩目的武术大赛如期进行了，经过紧张激烈的比赛和严格权威的评定，各个项目冠军接连产生，最后，常泰取得拳型类的冠军。就这样，他顺利结束了在浙江省国术馆的两年学习，以优异的成绩毕业，顺利拿到毕业证书，并有机会去军队做一名武术教官。虽然常泰取得了这样优异的成绩，但是他并没有因为这些经历而自满。他知道自己所学还不够精，不过是刚刚

看到武术的门路而已，所以决定远走四川，继续寻师访道。

1937 年 7 月，"七七事变"爆发了，日本全面发动了侵华战争，全国上下形成抗日民族统一战线，团结一心，一致抗日。不过，日本军队早已谋划多年，有备而来，武器装备精良，战术训练有素，很快就占领了中国大片领土。日军所过之处，烧杀抢掠，尸横遍野，如蝗灾过境，饿殍遍地，民不聊生，苦难不堪。

后来，常泰才得知，家乡乐清也受到了日军的侵略骚扰，村民的生活陷入了国恨年荒的艰苦时期，甚至自己的父亲仰周先生还差点儿被日本兵刺杀！

那天，日本兵又在村里滋扰生事，骚扰村民，明抢明夺，村里哭声叫声连成一片。别看村里平日习武练功的人不少，面对手持钢枪刺刀的日本兵，没人敢站出来和这些暴徒对抗。眼看家家户户的财物都被抢走，村民被踢踏凌辱，性格刚烈正直、威武不屈的仰周先生实在难以忍受，愤怒地站出来制止一个正要践踏村民的日本兵。那个粗壮的日本兵拿起刺刀不由分说就直刺过来，仰周先生来不及躲闪，只好微微退了一步，徒手握住刺刀刀刃，和日本兵对峙起来，他不敢放松，日本兵也不能移动刺刀分毫！仰周先生的手掌被残暴的日本兵的刺刀割裂，血流不止。他英勇刚烈的行为，在乡间被称颂一时，大大增长了国人的志气。

常泰听说了父亲的遭遇，顿时周身热血沸腾，摩拳擦掌，久久不能平静。当时，常泰还不满二十岁，正是满怀壮志，一腔热血，想干一番惊天动地大事业的青春时期。这时他的志趣并不在军政上，所以他并没有马上投身参军行伍，上前线拿枪杀敌。他还是习惯单身匹马，走一条自己的仙侠之路。

他在杭州的这两年，一直听人说四川一带有不少剑仙大侠，还有许多高僧大德，而且这些人都非常厉害。经过两年的习武和寻仙问道，他开始慢慢领悟到，武功的最高境界在本质上是一种修道，是为了更好地提升自我、服务国家、回报社会。当时，他的内心深处一直被一个神秘的声音牵引着。这个声音告诉他，往西南方向走，那里有他想要实现而且一定可以实现的东西。就是这样一股莫名的冲动让他抛下家人的牵挂和期盼，从杭州出发，经九江、汉口、重庆，最后顺利到达成都，开始了一生的传奇追寻之路。

到了四川之后，常泰十分清楚，虽然自己幸运地避开了战火，但在祖国、亲人和同胞正遭受侵略和欺凌的时候，任何中国人都不可能置身事外，独善其身。他曾

经在报纸上看到一则新闻：一位母亲带着两个孩子逃难去重庆，途中母亲生病，怕耽误孩子们赶路，便选择自杀，临死前还嘱咐孩子们："快走，不要管我！"两个孩子只好就地把母亲掩埋，继续赶路。

那时候的常泰，只是一心一意地想到峨眉山学剑，还没有放下成为剑仙的心愿。他要继续求仙学道，一心想闯荡江湖，学一身功夫本领。这也是当时很多年轻人的梦想，他们都幻想着能学会一手飞剑本领，做一名神秘武侠，一剑直取日本侵略者的头颅。

常泰一个人辗转多地到达四川之后，一面寻求谋生机会，一面遍访名山大川，古寺名观，访师求道，拜师求艺。在四川名胜鹄鸣山①，他拜见了居住在山上的名号王青风的道士，这位道士是四川境内传说的剑仙；还有成都一位八十多岁的老先生，据说是得到武当内家武功真传的武术大师，等等。

常泰从小体弱多病，刚开始学拳时，练的是又猛又硬、动作快速的南拳拳法，并不适合他的身体，常常练完拳后有头脑昏沉的感觉。因为从小就想要学好武功行侠仗义，也就勉强自己继续练习。后来，他遇到了很多

———————————

①鹄鸣山：东汉期间道教祖师张道陵隐居之地。

武功、技击能人，还有懂得修炼之术的有道人士，经常去拜师讨教，他拜过的师父，南宗北派都有，有长拳也有短打，连兵器都学过至少十四种，甚至还学过蒙古摔跤、"西洋"拳击等搏击，涉及各门各派。不到二十岁时，他累计拜师八十多人，可见他对中华武术功夫的喜爱之深和内心中一直想学成后行侠仗义的心愿多么强烈。

后来，虽然他从来没有上过抗日前线，没有机会与侵略者正面厮杀，但他在文化传承上开辟了另外一个战场，用一生的时间孜孜不倦地苦心钻研和传播，接续传统血脉，重振中国传统文化大业，他的贡献也不在各位士兵之下了。

后　记
一生追寻成传奇

　　抗日战争期间，常泰在坚持访师习武和读书读典的同时，也投身军营，在西南地区组织人马，屯垦备战，后期又返回四川，在中央军校军官教育队做了教官。随着更加深入地接触佛教文化和佛学高僧，他转而潜心学习和研究佛典，在峨眉山大坪寺闭关阅读佛典藏书三年整。后来，他又在云南大学、四川大学等高校讲学。远赴台湾后，他在文化大学、辅仁大学、政治大学等大学及相关研究所任教授，也曾旅居美国、中国香港。晚年落叶归根，他回到杭州，创办了传播中国传统文化的太湖大学堂，一直到 95 岁高龄。

　　他曾创办了东西方文化精华协会总会、老古文化事业股份有限公司、美国弗吉尼亚州东西方文化学院、加拿大多伦多中国文化书院、香港国际文教基金会等团体，一直致力于传统文化的延续教育和传播，并一直关心祖国的发展，关心家乡的建设。1990 年泰顺、文成水灾，他积极捐赠资金救助受灾民众，在温州成立南氏医药科技基金会、农业科技基金会等，并将乐清的故居重建，移交给地方政府作为老幼文康中心，又为厦门南普陀寺修建禅堂，他还倡导并帮助筹资建设了金温铁路。当时的金温铁路途经的地区占浙江省 57％的土地面积，惠及 49％的人口，为家乡的建设和发展做出了巨大贡献。

　　他一生都致力于弘扬中国传统文化，出版《论语别裁》《孟子旁通》《大学微言》《老子他说》等佛教、道教两家三十多种著作，又经英国、法国、荷兰、西班牙、葡萄牙、意大利、韩国、罗马尼亚等国家的八种语言翻译后在全世界流通。他的学生也纷纷捐资，用他的名义在国内创立光华教育基金会等，资助三十多所著名大学。为重续中华断层文化的心愿，他还致力于幼儿智力开发，推动国学经典诵读工作。

　　他的一生很传奇，他坚持追寻梦想，积极践行，知行合一，受到众多国内外民众的追崇，素有"禅学大师""国学大师"的赞誉。

附　录

南怀瑾大事年表（1—17 岁）

1918 年　1 岁　3 月 18 日出生于浙江省温州市乐清县翁垟镇地团叶。

父（1888—1957），谱名光裕，名正裕，字仰周，号化度。母（1891—1990），赵氏。

1923 年　6 岁　启蒙。

1928 年　11 岁　乐清县立第一高等小学就读，插班读六年级。

1931 年　14 岁　小学肄业，私塾读书自修。

1932 年　15 岁　自修，暑期从学朱味温先生。

1933 年　16 岁　于乐清县井虹寺玉溪书院自修，其间受叶公恕先生指导。

1934 年　17 岁　结婚，妻王翠凤（1916—2009）。

南怀瑾结婚娶妻

南怀瑾经典语录

学问不是文字，也不是知识，学问是从人生经验上来，做人做事上去体会的。

——《论语别裁》

文学好，知识渊博，那是枝节的，学问之道在自己做人的根本上，人生的建立，内心的修养。

——《论语别裁》

贫与贱，是人人讨厌的，即使一个有仁道修养的人，对贫贱仍旧不喜欢的。可是要以正规的方法上进，慢慢脱离贫贱，而不应该走歪路。

——《论语别裁》

不要怨恨，也不要牢骚，年轻人不怕没有前途，只问你能不能够站得起来；但要懂得把握时间和空间，如同赶公共汽车一样，这就是人生。等得久的人，不要埋怨，是自己到站太早了；有的刚刚赶到，汽车开出去

了，于是气得不得了，大骂一阵，骂又有什么用？干脆等下一班第一个上去，不就好了。

——《论语别裁》

书本上是求知识，求前人的经验和前人的见解与心得。但是要把这些知识、见解与心得用到自己身上，就要加以体验了。

——《论语别裁》

有的人天生就是态度拘谨，对人对事很恭敬。有的人生来就昂头翘首，蛮不服气的样子。有的长官对这种人的印象很坏，其实大可不必。这种态度，是他的禀赋，他内心并不一定这样。所以我们判断一个人的好坏，不要随便被外在的态度左右，尽量要客观。

——《论语别裁》

读古书古文，首先必须从认识中国字的训诂着手，因为文字是思想言语的符号，尤其中文的方块字，用一个字做符号，就可归纳了好几个类同的意思。不像其他的文字，用好几个字母的符号，结合在一起，代表了一个意思。

——《原本大学微言》